KIJK OP DE WERELD

Landen van de wereld: Australië/Afrika

Uitgeverij Areopagus

Inhoud

Grote foto:
Corroborree, zo noemen de aboriginals uit Australië de rituele dansen en gezangen. Zij geloven dat door de voordracht van die liederen een verbintenis tot stand komt met de mythologische oertijd, ofwel de 'droomtijd'.

De geschiedenis van Australië/ Oceanië

Het duurde lang voordat dit afgelegen gebied de belangstelling van de koloniale machten kon wekken. Pas aan het einde van de 18de eeuw gebruikten de Engelsen Australië als strafkolonie. In het begin van

Polynesië – stenen godsgestalte (Tiki) op de Marquesaseilanden.

de 19de eeuw werden Australië en Nieuw-Zeeland dan wel onafhankelijk, de andere gebieden van Oceanië bleven onder Europese heerschappij die door de Japanse expansiedrift vóór en in de Tweede Wereldoorlog fundamenteel ter discussie werd gesteld. Na 1945 groeide de invloed van de Verenigde Staten. Zij beschouwden de regio nu als een deel van hun belangensfeer. Pas veel later konden de vele eilanden hun onafhankelijkheidsstatus afdwingen. De inheemse bevolking en hun culturen werden overal vrijwel volledig verdrongen. Pas sinds het midden van de 20ste eeuw veranderde de houding van de migranten ten aanzien van de oorspronkelijke bevolking.

De geschiedenis van Australië/Oceanië

*In het stedelijk gebied van Rotorua op het Noordeiland van Nieuw-Zeeland bevindt zich het Maoridorp **Whakarewarewa**, waar de oorspronkelijke bewoners weer hun oude rituelen koesteren. Sinds de jaren tachtig zijn de organisaties die de cultuur nieuw leven inblazen in opmars.*

Australië

Het vanuit Europees oogpunt meest verafgelegen gebied op aarde was in de westerse wereld heel lang onbekend, maar speelde sinds de late Middeleeuwen in abstracte zin een belangrijke rol, aangezien men een zogenoemd zuidelijk gelegen land – het terra australis incognita – als de tegenhanger beschouwde van de noordelijk gelegen landmassa. Hoewel de Spanjaarden en Portugezen het gebied al in de 16de eeuw bereikten, werd het continent pas veel later als een coherente landmassa erkend.
De aboriginals, de oorspronkelijke inwoners van Australië, koloniseerden het continent ongeveer 60.000 jaar geleden en onderhielden vermoedelijk al vóór de aankomst van de Europeanen contacten met kooplieden uit het huidige Indonesië en Nieuw-Guinea. Ze leefden als jagers en verzamelaars en ontwikkelden zowel een complexe samenleving als een ingewikkelde mythologische voorstellingswereld die alle levensgebieden omvatte.

Ontdekkingsgeschiedenis

Sinds de 15de eeuw dreven de Portugezen vanaf de Afrikaanse westkust een bloeiende handel met India, waardoor de belangstelling voor de ontdekking van het legendarische terra australis werd versterkt. Al snel was men echter niet langer geïnteresseerd om verder zuidoostelijk te varen vanwege het feit dat tijdens zulke ontdekkingsreizen de winden veelal zeer ongunstig stonden. Na de ontdekking van de Solomoneilanden in 1567 hoopten de Spanjaarden met behulp van twee expedities, in 1595 en 1605, vanuit Zuid-Amerika goud en grote gebieden voor de Spaanse kroon binnen te halen. Die reizen mislukten echter.
De feitelijke ontdekkingsgeschiedenis begint pas met de intrede van de Nederlanders. In 1606 bereikte Willem Janszoon de Straat Torres tussen het Australische vasteland en Nieuw-Guinea. Hij zag de noordkust van Australië. De Nederlandse generaal-gouverneur in Batavia bereidde sindsdien meer expedities voor. In 1616 betraden onder het commando van Dirk Hartog voor het eerst Europeanen het Australische vasteland. Meer ontdekkingen volgden. Abel Janszoon Tasman speelde daarin de belangrijkste rol. In 1642 zeilde hij om Australië heen en ontdekte aldus Tasmanië en Nieuw-Zeeland. Tijdens de tweede ontdekkingsreis verkende hij in 1644 de noordkust. Hoewel het nieuw ontdekte gebied Nieuw-Holland werd genoemd, claimden de Hollanders het land niet en stopten ze al snel met de ontdekkingsreizen.
De eerste ontdekkingsreizen van de Britten verliepen op een gelijksoortige wijze. De beschrijvingen van de Engelse zeerover William Dampier, die aan het begin van de 18de eeuw tijdens twee expedities de westkust verkende, was niet in staat de belangstelling van de Engelsen voor verdere ontdekkingsreizen te wekken. De drie reizen van James Cook leidden er pas toe dat de Britten aanspraak maakten op het continent. In 1770 ontdekte Cook de Botanybaai en nam bij Possessioneiland het gebied als New South Wales voor de Britse kroon in bezit. Zijn tweede reis, van 1772 tot 1775, sloeg een wig in de voorstellingen van een zuidland en vormde het definitieve bewijs dat het een afzonderlijk continent betrof. In 1722 verschenen ook de Fransen, toen Marion Dufrense landkaarten maakte en andere Franse zeevaarders de zuidkust verkenden. Men wilde de Britse overheersing echter niet meer aanvechten. Maar het zou nog tot aan het begin van de 19de eeuw duren alvorens de Australische kusten volledig verkend zouden worden. Tussen 1801 en 1803 voer Matthew Flinders voor het eerst om het hele continent heen, nadat hij al in 1789 met de marinearts George Bass de eilandcontouren van Tasmanië had aangetoond. Op voorstel van Flinders werd het continent in 1817 in aansluiting op de zoektocht naar het langgezochte terra australis officieel Australië genoemd.

Voor Engeland nam James Cook Australië en Nieuw-Zeeland in bezit.

Kolonisatie

Ondanks de vermeende onaantrekkelijkheid van Australië, kreeg het land in de 18de eeuw voor de Britten een nieuwe, vooral sociaal-economische betekenis. Na de nederlaag tijdens de Amerikaanse Burgeroorlog konden de gevangenen in de overvolle strafinrichtingen van het moederland niet meer naar Amerika worden verscheept. Aldus vatte men in 1786 het plan op om bij de Botanybaai een strafkolonie in het leven te roepen. In het begin van 1788 arriveerde Arthur Philip met de eerste groep strafgevangenen in de Botanybaai en stichtte op 26 januari iets noordelijker de eerste permanente Europese nederzetting – Sydney.
Tot 1867 werden er nog meer gevangenen naar Australië gedeporteerd. Zij vormden de spil van de vroege kolonisatie. Tot 1852 waren inmiddels meer dan 150.000 mensen naar New South Wales en de in 1803 gestichte kolonie Tasmanië verbannen. Vanaf 1793 arriveerden echter ook de eerste vrijwillige kolonisten. Zij schiepen met de schapenfokkerijen de basis van de Australische economie. Het 'beteugelen' van de Blue Mountains door Gregory Blaxland en William Charles Wentworth, alsook de verdere ontsluiting van het binnenland, maakte het mogelijk dat op de uitgestrekte weidevlakten grote veestapels gehouden konden worden. Omstreeks 1820 rukten veehouders op naar Victoria en het zuidelijk gelegen Queensland. De strafkolonie Western Australia werd in 1829 en South Australia in 1837 gesticht. In 1851 splitste de kolonie Victoria, met de hoofdstad Melbourne, zich af van New South Wales. Queensland deed hetzelfde in 1859. Een goudkoorts zorgde in het midden van de 19de eeuw voor een verdere, sterke toestroom van migranten.
De belangentegenstellingen tussen de veefokkers en de boeren, alsook de sociaal-liberale ideeën van de nieuwe stadsbevolking, gaven in het midden van de 19de eeuw aanleiding tot de vorming van politieke organisaties. De vrije handel werd ingevoerd en de oostelijk gelegen koloniën kregen in 1850 nieuwe handvesten die verregaande autonomie en zelfbestuur toestonden. Landschenkingen werden vervangen door een rechtmatige verkoop van grond en bodem. Bovendien dienden de regeringen zich tegenover gekozen parlementen te verantwoorden.
Formeel stond de Britse koloniale politiek gelijke behandeling van de aboriginals voor. In werkelijkheid voerden de veehouders echter een mensonterende, barbaarse veldtocht tegen hen. De weinige overlevenden werden uiteindelijk in reservaten samengedrongen. Pas in het midden van de 20ste eeuw kon de oorspronkelijke bevolking van Australië weer uitgroeien tot de omvang van weleer.

De bondsstaat

De snelle groei van de bevolking en de in ijltempo uitdijende steden zorgden in het midden van de 19de eeuw voor de ontwikkeling van een karakteristieke Australische cultuur, de stichting van universiteiten, de aanleg van spoorlijnen en de versterking van de arbeidersbeweging. Ondanks de culturele gemeenschappelijkheid van de zes koloniën werden de onderlinge verhoudingen gekenschetst door een venijnige rivaliteit. In het bijzonder de Labour Party streefde een consequente politiek van nationale eenwording na. Positieve volksbesluiten in de zes koloniën voerden na langdurige onderhandelingen uiteindelijk tot de vorming van de Australische bondsstaat. De 'Commonwealth of Australia' werd in 1900 door het Britse parlement geratificeerd en trad op 1 januari 1901 in werking. De nieuwe grondwet bestond uit een mengeling van Britse en Amerikaanse elementen. Ter versterking van het federalisme werd in 1908 niet langer Melbourne, maar het nieuw gestichte Canberra tot hoofdstad uitgeroepen. Nog vóór het begin van de Eerste Wereldoorlog kwam er een omvattende sociale wetgeving en was de invoering van de algemene militaire dienstplicht een feit.
In de Eerste Wereldoorlog delegeerde Australië ongeveer 330.000 vrijwilligers naar de Europese slagvelden om mee te vechten aan geallieerde zijde. Ze streden bovendien tegen de Duitse koloniale troepen in het Pacifische gebied. In 1919 kreeg Australië het mandaat van de Volkerenbond over de voormalige Duitse overzeese gebieden, te weten het Kaiser-Wilhems-land, de Bismarckarchipel, de Solomoneilanden en Nauru. Het uitbreken van de Tweede Wereldoorlog betekende een scheiding met het moederland. Aangezien Groot-Brittannië niet in staat was om Australië effectief tegen een dreigende Japanse invasie te beschermen, werd een militair verbond met de Verenigde Staten aangegaan.
Na 1945 veranderde Australië in een geïndustrialiseerde staat met een buitenlandse politiek die in betekenis toenam. De emotionele binding met de Britse kroon kwijnde steeds meer, ook al werd de 'White Australia Policy' pas in 1973 officieel afgeschaft.

In 1808 werd op ***Pitcairn*** *– een van de eilanden in het zuidelijk deel van Oceanië – een nederzetting ontdekt die door negen muiters van de beroemde Bounty samen met zes mannen en twaalf vrouwen uit het tegenwoordige Tahiti werd gesticht. John Adams, de laatste muiter, stierf in 1829. Zijn grafzerk bleef behouden. Later annexeerde Groot-Brittannië de kleine kolonie. De opstand tegen de beruchte kapitein William Bligh diende als voorbeeld voor diverse romans en werd driemaal verfilmd.*

Nieuw-Zeeland

Toen de Hollandse zeevaarder Tasman in 1642 als eerste de westkust van het Zuideiland bereikte, leefden er in Nieuw-Zeeland ongeveer 125.000 oorspronkelijke inwoners die sinds de 9de eeuw uit Polynesië waren geëmigreerd. In 1769 stelde James Cook vast dat het om twee eilanden ging. Hij claimde ze voor de Britse kroon. Niet lang daarna stichtten Britse missionarissen en walvisvangers de eerste nederzettingen. Omstreeks 1840 begon de systematische migratie onder leiding van de Nieuw-Zeelandcompagnie. Met het in 1840 overeengekomen Verdrag van Waitangi, afgesloten met meer dan 550 hoofdmannen van de Maori, verzekerde kapitein William Hobson zich van de Britse soevereiniteit. Als tegenprestatie bedeelde hij de Maori's bezitsrecht en het Britse staatsburgerschap toe. In 1841 werd Nieuw-Zeeland een Britse staatskolonie, met Auckland als hoofdstad. De sterke migratiestroom leidde van 1845 tot 1848 en van 1860 tot 1872 tot gewapende conflicten tussen de kolonisten en de Maori's.
Goudvondsten en schapenteelt vormden dé inkomstenbronnen en zorgden voor een gestage toestroom van migranten. In 1852 was de eerste grondwet een feit, in 1856 werd het parlement gevormd en in 1893 voerde Nieuw-Zeeland als eerste land ter wereld het stemrecht voor vrouwen in. In 1907 werd Nieuw-Zeeland officieel uitgeroepen tot dominion van het Britse Gemenebest.
Onder een Labour-regering beëindigde het land in het begin van de jaren zeventig de militaire verplichtingen in Indo-China en intensiveerde de contacten met de Aziatische buurlanden.
In de naoorlogse periode betrof het centrale thema in de binnenlandse politiek de houding ten aanzien van de Maori's. Bovendien werden er aanmoedigingsprogramma's voor het behoud van de kunst en cultuur van de Maori's in het leven geroepen.

Oceanië

De meeste eilanden in de Grote Oceaan raakten nadat ze ontdekt waren, verzeild in vaak wisselende Europese heerschappijen, waar pas laat een einde aan kwam.
Zo werd Palau in 1947 een presidentiële republiek die nauwe banden onderhield met de Verenigde Staten. Papua Nieuw-Guinea hoorde tot 1975 bij het Australische mandaatgebied. Micronesië is sinds 1980 – en de Marshalleilanden sedert 1990 – een republiek met een vrij aansluitingsverdrag met de Verenigde Staten. Nauru staat sinds 1968 niet langer onder het trustschap van de VN, en op Kiribati is sinds 1979 de Britse heerschappij verleden tijd. In 1978 eindigde op de Solomoneilanden en Tuvalu het Brits protectoraatverdrag. In 1979 verklaarden Fiji, in 1980 Vanuatu, in 1962 Samoa en in 1970 Tonga zich onafhankelijk.

1 De stadsschouwburg van Sydney – een ontwerp van architect Jörn Utzorn – behoort evenzeer tot de toeristische hoogtepunten als een getrouwe kopie van de legendarische *Bounty*.

2 Melbourne – van 1901 tot 1911 de hoofdstad – heeft bijna 3 miljoen inwoners, is de op een na grootste stad van Australië en ligt aan de monding van de Yarra in de Port Phillipbaai.

3 Het parlementsgebouw in de Australische hoofdstad Canberra werd in 1988 voltooid en geldt als een succesvol voorbeeld van de moderne Australische architectuur.

Grote foto:
De Carolinen vormen de grootste eilandengroep van Micronesië. Het betreft 963 atollen en eilanden van veelal vulkanische oorsprong. Archeologische sites duiden op een vroege kolonisatie.

Australië en de eilanden van Oceanië

Australië is het kleinste continent en bevindt zich in zijn geheel op het zuidelijk halfrond tussen de Indische en de Grote Oceaan. Vaak wordt dit werelddeel samen met de op een oppervlakte van 70 miljoen

Australië – de skyline van Sydney met de Harbour Bridge (havenbrug) en de stadsschouwburg.

km^2 verstrooide eilanden van Oceanië als één geheel beschouwd. Het vasteland bestaat uit een weidse, eentonige regio, voor een deel gevormd door onherbergzame woestijnen. Door de geïsoleerde ligging is er een zeer karakteristieke flora en fauna ontstaan die voor een deel door ingevoerde Europese soorten is verdrongen. Nieuw-Zeeland kent een aanzienlijk afwisselender landschap. Buiten de veelsoortige vogelwereld bestonden er vóór de komst van de Europeanen geen hogere diersoorten. De ongeveer 10.000 koraaleilanden van Oceanië zijn grotendeels van vulkanische oorsprong.

De oorspronkelijke bewoners vormen amper 1,6% van de Australische bevolking. Van de 28.000 ***aboriginals*** *leeft nog een klein deel in traditionele groepen die de door de ondergang bedreigde, overgeleverde zeden en gewoonten koesteren.*

Australië

Oppervlakte: 7.682.300 km²
Hoofdstad: Canberra
Staatsvorm: Parlementair-democratische monarchie en bondsstaat
Administratieve indeling: 6 bondsstaten, 2 territoriums
Buitengebieden: Christmaseilanden, Cocoseilanden, Norfolk, Lord Howe, Territory Coral Sea Islands, Ashmore, Cartier, Heard, McDonaldeilanden
Bevolking: 18,3 miljoen (3 inw./km²)
Talen: Engels, minderheidstalen
Bruto Nationaal Product: € 20.800 per hfd
Munteenheid: 1 Australische dollar = 100 cents

Landschap

Australië is het kleinste continent en het op vijf na grootste land op aarde. Van noord naar zuid is Australië 3680 km lang, met een gemiddelde hoogte van 300 m, en van oost naar west ongeveer 4000 km breed. Australië bestaat voor 70% uit woestijn en woestijnachtige gebieden waar alleen droge grassoorten groeien; ze bepalen het westen en het grotendeels onbewoonde centrale deel van Australië. De belangrijkste bewoonde gebieden zijn vooral te vinden in de kuststreken met een gematigder klimaat, in het zuiden en zuidoosten van het land. Het westen van Australië bestaat voornamelijk uit plateaus (tafelland). Ze omvatten de **Grote Zandwoestijn**, de **Gibsonwoestijn**, de **Grote Victoriawoestijn** en talrijke eilandbergen, zoals de beroemde **Uluru** (Ayers Rock), een enorme monoliet van 600 miljoen jaar oud.
De Centraal-Australische Slenk, een droog gebied zonder afwatering, strekt zich uit van de Golf van Carpentaria in het noorden, dwars door de Simpsonwoestijn tot aan de zuidkust. Aldaar bevindt zich het **Eyremeer** (zoutmeer, 15 m onder de zeespiegel) en tevens de grootste laagte van het continent. Nog eens honderden grote en kleine zoutmeren bevinden zich op de **Nullarborvlakte** in het zuidelijk deel van de **Grote Victoriawoestijn**.
Evenwijdig aan de oostkust loopt de in totaal ongeveer 3000 km lange **Great Dividing Range**. De **Snowy Mountains** zijn uitlopers van dit gebergte.
Voor de kust strekt zich het ongeveer 2000 km lange **Great Barrier Reef** uit. Dankzij de 1500 vis-, de 400 koraal- en de meer dan 4000 weekdiersoorten is dit het soortrijkste en grootste koraalrif op aarde. Het eindigt in het noorden bij de eilanden in de Straat Torres.
In het dunbevolkte noorden bevinden zich tropische boom- en grassavannen die in de kuststreken overgaan in regen- en mangrovewouden. De enige, grotere waterlopen vormen de rivieren de Murray en de Darling in het zuiden, terwijl het in het binnenland extreem droog is en de grotere meren maar zelden water bevatten. Ten zuidoosten van het continent, gescheiden door de Straat Bass, bevindt zich het eiland **Tasmanië**, met een oppervlakte van 67.800 km². In het zuidwesten zijn uitgestrekte regenwouden met een koel, gematigd klimaat te vinden.
Een vijfde deel van het dunbevolkte, bergachtige eiland (Mount Ossa, 1617 m) staat onder natuurbescherming. De unieke dieren- en plantenwereld van Australië is terug te voeren op de geïsoleerde ligging van het continent. Een afzondering die bijna 50 miljoen jaar heeft geduurd. Alle inheemse zoogdieren zijn **buideldieren**, waarvan er in totaal 300 soorten zijn, waaronder 60 verschillende soorten kangoeroes. Naast de andere wapendieren van het land, de koalabeer en de emoe, zijn er bovendien talrijke soorten insecten (kompastermieten), reptielen (zoet- en zoutwaterkrokodillen) en vogels te vinden, waaronder papegaaien, kaketoe's en grasparkieten, alsook bijzondere dieren, zoals het vogelbekdier dat eieren legt, of de Tasmaanse duivel. In Australië groeit 95% van het totale wereldbestand aan eucalyptusbomen.

Klimaat

In het algemeen heeft Australië een woestijn- of halfwoestijnklimaat, dat in het zuiden en oosten van het land overgaat in een gematigd oceaanklimaat. Het uiterste noorden is echter tropisch, compleet met grote neerslaghoeveelheden die snel verminderen naarmate men verder van de kust (gemiddeld meer dan 1400 mm) verwijderd is. Gedurende de aanhoudende regentijd van november tot eind maart kunnen vooral het noorden en noordwesten door stortregens worden geteisterd. De gemiddelde maximumtemperatuur in het centrale deel van Australië bedraagt ter hoogte van de keerkring meer dan 50°C, terwijl ter hoogte van Canberra in de winter een minimumtemperatuur van 2°C wordt bereikt, en in de zomer het kwik tot meer dan 40°C stijgt. Een groot milieuprobleem vormt de afbraak van de ozonlaag boven grote delen van Antarctica, wat zowel in Australië als in Nieuw-Zeeland merkbaar is door een toename van de ultraviolette straling en een verhoogd risico op **huidkanker**. Daar komt bij dat bosbranden, zware onweersbuien en overstromingen geen zeldzaamheid zijn.

Bevolking

92% van de Australische bevolking heeft Europese voorouders, waarbij 95% van **Britse** en **Ierse** afkomst is. 7% van de inwoners heeft **Aziatische** voorvaderen, terwijl de **aboriginals** en de nog kleinere groep van eilanders in de Straat Torres met een aandeel van iets meer dan 1% slechts een minderheid vormen.
75% van de Australiërs is christen. Daarnaast zijn er minderheden, waaronder joden, moslims, boedhisten en hindoes. Iets minder dan de helft van de totale bevolking woont in de drie grote steden Sydney, Melbourne en Brisbane. Uitgestrekte delen van het land blijven onbewoond. Met een bevolkingsdichtheid van 2,3 inw./km² vormt Australië een van de meest dunbevolkte landen ter wereld. De vele afgelegen boerderijen en homesteads bevinden zich relatief dicht bij de schaarse hoofdverkeerswegen die het continent doorsnijden.
De levensstandaard is hoog. Ook de gezondheidszorg en de sociale welzijnssector zijn zeer goed ontwikkeld. Hetzelfde geldt voor het onderwijs. Veel kinderen – in het bijzonder in de Outback – genieten onderwijs dankzij de radio. Van de vele **universiteiten** zijn die van Melbourne, Sydney en Canberra het bekendst.
De unieke cultuur van de oorspronkelijke inwoners van Australië staat nog steeds onder grote druk, ook al wordt er moeite gedaan die cultuur in de moderne Australische levenswijze te integreren.

Geschiedenis en politiek

Meer dan 50.000 jaar geleden,

Melbourne – moderne hoogbouw en de Victoriaanse Flinders Street aan de oever van de Yarra.

toen er nog een landbrug tussen de twee continenten bestond, trokken volkeren vanuit Azië in verschillende groepen Australië binnen. Ze waren onderverdeeld in talrijke clans en doolden vervolgens elk in volkomen afzondering vooral door de noordelijk gelegen gebieden en de kuststreken, alsook naar Tasmanië. Sinds de Middeleeuwen speculeerden de Europese geleerden over een legendarisch 'onbekend zuidland', de **terra australis incognita**, die op de zuidelijke helft van de aardbol te vinden zou zijn. Als eerste Europeaan zag de Hollander Willem Janszoon in 1606 de noordkust van een continent. Zijn landgenoot Abel Tasman omzeilde en verkende in 1642 en 1644 de kusten van 'Nieuw-Holland' en ontdekte vervolgens Tasmanië. In 1770 nam de Brit James Cook 'New South Wales' voor Groot-Brittannië in bezit. Het imperium veranderde het continent in een **strafkolonie**. In 1788 arriveerden de eerste Engelse kolonisten in Botanybaai en stichtten Port Jackson, de nederzetting die tot het tegenwoordige **Sydney** zou uitgroeien. Andere steden die dankzij strafkoloniën ontstonden, waren Newcastle (1804) en Brisbane (1824). Sinds 1793 kwamen echter ook de eerste vrijwillige kolonisten aan land en stichtten Perth (1829), Melbourne (1835) en Adelaide (1836). Tot 1865 had Groot-Brittannië 160.000 gestraften naar het continent gedeporteerd. Een continent dat in 1817 op aandringen van de Britse ontdekkingsreiziger Flinders Australië werd genoemd. In dezelfde periode begon met de eerste **goudkoorts** een enorme migratie op gang te komen, waardoor tot 1859 de tegenwoordige zes federale staten konden ontstaan die in toenemende mate voor onafhankelijkheid streden. Toen in 1901 de zes Britse koloniën zich als bondsstaat van de **Commonwealth of Australia** samenvoegden, woonden er op het continent ongeveer 3,8 miljoen Australiërs van voornamelijk Britse en Ierse afkomst. In 1927 verhuisde het parlement naar de nieuwe hoofdstad **Canberra**. Maar pas in 1942 werd Australië officieel onafhankelijk. Sinds het einde van de Tweede Wereldoorlog hebben in dit klassieke emigratieland mensen van in totaal 120 nationaliteiten een nieuw thuisland gevonden en verdubbelde het aantal inwoners zich.

Australië

*Een groot land vereist grote **transportmiddelen**. Zoals op de Stuart Highway in de Northern Territory, waar naar Europese begrippen gigantische vrachtwagens over de Australische wegen van in totaal 913.000 km rijden.*

De **oorspronkelijke inwoners** (aboriginals) werden pas sinds 1967 als gelijkwaardige staatsburgers met stemrecht erkend.
Het aantal verminderde gedurende de eerste 100 jaar Europese kolonisatie van ongeveer 700.000 tot slechts 70.000. In de jaren dertig verklaarde men hen zelfs als bijna uitgeroeid. Sinds enkele jaren echter ontvangen de clans angstvallig en stapsgewijs een schadeloosstelling voor de weigering van de traditionele landrechten. Verder hebben ze het recht op vrije toegang tot hun heilige plaatsen die overal op het continent te vinden zijn. Tenslotte verklaarde de Hoge Raad in 1992, in het zogenaamde '**Mabo-vonnis**', dat Australië tijdens de kolonisatie door Groot-Brittannië geen 'verlaten land' (terra nullius) was geweest.
De in 1901 ingevoerde grondwet voorziet in een **bondsparlement met twee kamers**, samengesteld uit de senaat (76 zetels, van alle staten elk 12 zetels en twee uit elk territorium; elke drie jaar is de helft van de afgevaardigden verkiesbaar) en het Huis van Afgevaardigden (148 leden die elke drie jaar verkiesbaar zijn). Bovendien hebben de zes federale staten en de twee territoriums onafhankelijke, lokale parlementen.
Tot op de dag van vandaag is de Britse monarch het staatshoofd en wordt door een generaal-gouverneur en een gouverneur uit elk van de federale staten vertegenwoordigd. Sinds enkele jaren denkt men erover om Australië met behulp van een referendum in een **republiek** te veranderen.
Australië heeft in 1951 het ANZUS-veiligheidsverdrag gesloten en werkt om die reden in militair opzicht samen met de Verenigde Staten en Nieuw-Zeeland.
Tot het Australische grondgebied behoren bovendien Lord Howe en Macquarie, die samen met enkele buureilanden deel uitmaken van het Antarctica Territory Tasmanië, in het zuidelijk deel van de Grote Oceaan. Van Australië zijn verder de volledig onder natuurbescherming geplaatste eilanden Ashmore en Cartier, waar niet aan land mag worden gegaan, Christmaseiland, de Cocoseilanden (Keeling) in de Indische Oceaan, de Coral Sea Islands, de eilanden in de Straat Torres, het onbewoonde, onder bescherming van de UNESCO (als werelderfgoed) staande eiland Heard, de McDonaldeilanden in het zuidelijk deel van de Grote Oceaan en het eiland Norfolk.

Economie

Australië is zeer rijk aan natuurlijke hulpbronnen, voert aanzienlijke hoeveelheden agrarische producten, mineralen, metalen en fossiele brandstoffen uit en behoort tot de **grootste exportlanden ter wereld**. Bij de belangrijkste exportproducten horen onder meer aardolie, -gas, steenkool, ijzererts en uranium uit de omvangrijkste bekende wereldreserves. Verder nikkel, goud, zilver, zink, koper, saffier en opaal. Australië is de belangrijkste producent van bauxiet, lood en ruwe diamanten voor industrieel gebruik.
De wereldwijd grootste producent van wol, dankzij het feit dat Australië het grootste aantal **schapen** ter wereld heeft, voert naast vlees (grootste rundvleesexporteur ter wereld) ook melk- en graanproducten uit. Verder worden er vruchten, suikerriet, katoen en druiven (wijn) verbouwd. De sterk gediversifieerde **industriële sector** – waarin 25% van de beroepsbevolking ongeveer 31% van het bruto nationaal product verdient – produceert naast voedingsmiddelen en tabak ook producten voor de machinebouw, de hightech- en de computertechnologie. Verder is er een automobielindustrie en worden er chemische producten gefabriceerd.
De grootste bijdrage aan het bruto nationaal product (65%) levert de dienstensector, waarbij inbegrepen het toerisme, waarin 70% van de beroepsbevolking werkzaam is.

Verkeer

Het **spoorwegnet** van Australië is 38.563 km lang, waarvan 2914 km is aangesloten op het elektriciteitsnet. Het bevindt zich grotendeels in het zuiden van het land. Hoewel Australië zes spoorwegmaatschappijen heeft, zijn grote gebieden van het centrale deel en het noorden van het land niet door het spoorwegnet ontsloten.
Van het **wegennet** – met een totale lengte van ongeveer 913.000 km – is een derde deel geasfalteerd. Grote gebieden in Australië zijn alleen over schaarse onverharde wegen en pistes bereikbaar. Deze zijn uitgerekend in het noorden tijdens de regentijd vaak niet begaanbaar. Van de 1000 inwoners hebben 604 mensen een auto. Daarmee staat Australië wereldwijd mede aan de top.
De **binnenvaart** is ondanks de totale vaarweglengte van 8368 km – hoofdzakelijk in het zuidoosten – nauwelijks van betekenis, aangezien de vaarwegen alleen voor kleine vaartuigen met weinig diepgang geschikt zijn. De **handelsvloot** van Australië bestaat uit meer dan 600 schepen. De belangrijkste van de meer dan 60 van economisch belang zijnde **havens** bevinden zich bij Adelaide, Brisbane, Cairns, Darwin, Fremantle, Geelong, Mackay, Melbourne, Sydney, Hobart, Devonport en Launceston op Tasmanië.
Het **luchtverkeer** is van grote be-

Australië is wereldwijd de grootste producent en exporteur van ***wol****. Toen vroeger – in de koloniale tijd – het merinoschaap werd ingevoerd, maakte de schapenteelt een enorme bloeiperiode mee. Maar de export van wol daalde steeds verder. Tegenwoordig maakt wol nog maar 8% van het totale exportvolume uit, terwijl dat 30 jaar geleden nog ongeveer 25% was. Bijna de helft van de wol is afkomstig uit New South Wales en Western Australia.*

tekenis, waarbij inbegrepen de meer dan 400 vliegvelden met gedeeltelijk onverharde start- en landingsbanen. Australië heeft negen internationale luchthavens.

Toerisme

Ieder jaar krijgt Australië bezoek van miljoenen toeristen, dankzij de eindeloos lange zandstranden, het onovertroffen natuurschoon en een grote verscheidenheid van attracties in de grote wereldsteden. Het middelpunt in de Northern Territory vormt de hoofdstad Darwin, verkeersknooppunt voor vluchten naar Zuidoost-Azië.

Het **Kakadu National Park** in Arnhemland behoort tot de belangrijkste attracties van Australië. Het rotsachtige landschap, waar duizenden jaren oude rotsschilderingen van de oorspronkelijke inwoners te vinden zijn, gaat bij de kust over in de Wetlands, een waar natuurwonder; een vochtig gebied met zeldzame planten- en diersoorten. In het uiterste zuiden, ver weg in de Outback, bevindt zich het Uluru National Park, met de **Ayers Rock** en de **Olga Mountains**, door de oorspronkelijke bewoners Kata Tjuta genoemd, tevens twee van de bekendste heiligdommen van de aboriginals.

In de dichtbevolkte kuststrook aan de oostkust speelt de **watersport** een grote rol. Brisbane is het centrum van de federale staat Queensland. De **Great Barrier Reef**, een keten van ongeveer 2500 koraalriffen en 500 eilanden, behoort zeker tot de meest aantrekkelijke duiksportcentra ter wereld. Andere vakantie-eilanden zijn Hinchinbrook, Orpheus, Heron, Hamilton en Fraser, dat met een totale lengte van 135 km het grootst zandeiland op aarde is.

Langs de kusten strekken zich reusachtige regenwouden uit. Die in het **Daintree National Park** of het **Mount Spec National Park** zijn bijvoorbeeld onder natuurbescherming geplaatst. Het binnenland is het beste te verkennen via de Matilda Highway die 1500 km lang is en de Outback doorkruist.

Het centrum van de bondsstaat New South Wales is de levendige metropool Sydney. Er zijn 40 stranden, talrijke musea en parken en er staat de wereldberoemde stadsschouwburg. De **Blue Mountains** vormen het meest nabijgelegen, populairste recreatiegebied. De onwezenlijke kleur hebben ze te danken aan de talrijke eucalyptusbomen. Het **Capital Territory** staat in het teken van de ruim gebouwde hoofdstad **Canberra**, met enkele fraaie musea.

Het centrum van de meest zuidelijk gelegen bondsstaat Victoria is **Melbourne**, de op een na grootste stad van Australië, eerbiedwaardig in vergelijking met Sydney en kenmerkend als cultuurmetropool van het continent. Naast veel musea en uitgestrekte parken zijn hier ook theaters en festivals.

Tot de fraaiste wintersportgebieden in de **Great Dividing Range** behoren naast de regio rond Mount Kosciusko de skigebieden van Beauty, Buffalo, Buller en de

1 De Great Barrier Reef voor de noordoostkust van Australië is meer dan 2000 km lang. Samen met de vele eilanden en atollen vormt dit rif het grootste koraalrif op aarde.

2 De fascinerende skyline van Sydney, de grootste en levendigste stad van Australië met moderne wolkenkrabbers, de spectaculaire stadsschouwburg en de in 1932 gereedgekomen havenbrug.

3 De Pinnacles Desert bestaat uit duizenden bizarre, tot wel 5 m hoge kalksteenzuilen die uit het gele duinzand in het Nambung National Park opdoemen.

Onder de witte vuurtorens bij de ***Cape Reigna****, op het Noordeiland van Nieuw-Zeeland, komen de Grote Oceaan en de Tasmanzee samen. Volgens de mythologie van de Maori's vluchten hier, in het uiterste noorden, de zielen van de overledenen weg.*

Baw Baw Mountains. Het zuiden van Australië, met Adelaide als centrum, heeft rotsachtige kusten en een beroemd **wijngebied**. Populaire wandelstreken bevinden zich in de **Flinders Range**.
Langs de spectaculaire kusten leven pinguïnkoloniën. In het beschermd natuurgebied **Kangaroo Island** zijn inheemse diersoorten te bewonderen, zoals kangoeroes, emoes, koala's, maar ook enorme zeeleeuwenkolonies.
Het hele westelijke gebied van de deelstaat bestaat uit de Simpsonwoestijn. De in de Outback gelegen opaalnederzetting **Coober Pedy** is een waar unicum, aangezien zich daar alle belangrijke gebouwen onder de grond bevinden.
Perth is de hoofdstad van de grootste bondsstaat Western Australia, dat het totale westelijk gelegen derde deel van Australië omvat.
Het hele oosten wordt gekenmerkt door onbewoonde woestijnen en droge gebieden. In het noorden strekken zich de wouden en wildernissen van het **Kimberleyplateau** uit. Daar bevinden zich ook de indrukwekkendste rotsformaties, grotten en bergkloven. De in 1982 ontdekte zandsteenkegel in het **Purnululu (Bungle Bungle) National Park**, de Wave Rock en de spectaculaire Pinnacles Desert in het **Nambung National Park** horen daar ook bij. In de Hamersley Range bevindt zich de hoogste monoliet van het continent, de 1106 m hoge **Mount Augustus**.
Een populair wandelgebied is het **Hamersley National Park**. Bij de Eighty Mile Beach reikt een uitloper van de Grote Zandwoestijn tot aan de Indische Oceaan.
Voor de rest wordt de hele westelijke kuststreek gekenmerkt door zoutmeertjes.
Het centrum van **Tasmanië** is Hobart, met een bezienswaardig historisch gebied. Naast de grote regenwouden (reusachtige varens en eucalyptusbomen tot 150 m hoog) die door wandelroutes ontsloten zijn, biedt Tasmanië ook een grote verscheidenheid van natuurfenomenen, zoals kalksteengrotten en watervallen. Met name de ruïnes van de in 1877 verlaten strafkolonie Port Arthur zijn van historisch belang.

Nieuw-Zeeland

Oppervlakte: 270.534 km^2
Hoofdstad: Wellington
Staatsvorm: Parlementaire monarchie binnen het Gemenebest
Administratieve indeling: 90 bestuursgewesten, 3 stadsarrondissementen
Buitengebieden: Cookeilanden, Niue, Tokelau
Bevolking: 3,6 miljoen (14 inw./km^2)
Talen: Engels, Maori
Bruto Nationaal Product: € 15.933 per hfd
Munteenheid: 1 Nieuw-Zeelandse dollar = 100 cents

Landschap

De twee grote eilanden – bij het smalste gedeelte zijn ze door de 38 km brede **Straat Cook** gescheiden – bevinden zich 1500 km zuidoostelijk van Australië in het zuidoostelijk deel van de Grote Oceaan. Onder deze eilanden schuiven de Indisch-Australische en de Pacifische plaat tegen elkaar aan. Kenmerkend voor beide eilanden is een doorlopend gebergte.
Op het **Noordeiland** zijn naast actieve vulkanen ook grote thermische gebieden met geisers en krachtige warmwaterbronnen te zien. Het eiland wordt ook vaak door aardbevingen geteisterd.
Het **Zuideiland** van Nieuw-Zeeland kenmerkt zich door de 300 km lange, gedeeltelijk vergletsjerde **Nieuwzeelandse Alpen**, een bergketen, met als hoogtepunt de Mount Cook van 3764 m. Bij de westkust zijn ze steil, maar in oostelijke richting glooiend, met uitgestrekte vlakten. In het zuidwesten gaan de fjorden over in een reusachtig, ontoegankelijk oerwoudgebied; in de **Milford Sound** bevindt zich een van de mooiste fjorden ter wereld. Bij het grondgebied horen het spaarzaam ontsloten, beboste eiland Steward van 1746 km^2, grotere streken op **Antarctica** en enkele bestuursgebieden in het zuidelijk deel van de Grote Oceaan, te weten de 15 Cookeilanden, Niue (zelfbestuur), de Chathameilanden, Tokelau (niet onafhankelijk), de Kermadeceilanden en onbewoonde eilanden, zoals de Antipodeneilanden, de Aucklandeilanden, Campbell en de Bounty-eilanden.

Klimaat

De temperatuur in Wellington bedraagt in januari gemiddeld 19°C en in de wintermaand juli 10°C. Alleen in het zuidoosten en in het binnenland van het Zuideiland valt er soms sneeuw. De wind komt het vaakst uit westelijke richting, de meeste neerslag valt in het westen van het Zuideiland.
Al sinds de 19de eeuw heeft de oorspronkelijk weelderige oerwoudvegetatie grotendeels plaats moeten maken voor uitgestrekte weidelandschappen. Nieuw-Zeeland heeft een **unieke dierenwereld** met een grote verscheidenheid van inheemse, maar voor een deel zeer bedreigde vogel- en diersoorten.

Bevolking

De bevolking is voor 78% samengesteld uit **Europese migranten** en hun nazaten. Het aandeel van de **Maori's** bedraagt ongeveer 10%. Nieuw-Zeeland is een geliefd **emigratieland**. Bovendien maken Aziaten en eilanders uit Oceanië 12% van de bevolking uit. Een op de vier Nieuw-Zeelanders woont in Auckland. De bevolkingsdichtheid op het Noordeiland bedraagt 24 inw./km^2, op het Zuideiland 4 inw./km^2.
De gezondheidszorg en de sociale sector zijn voorbeeldig. Het Brits getinte onderwijssysteem is zeer goed ontwikkeld. Er zijn zeven **universiteiten** en 25 hogescholen.

Geschiedenis en politiek

De eilanden – al in de 9de eeuw door de Maori's gekoloniseerd – werd in 1642 door de Europeanen ontdekt. De verkenning door James Cook, van 1769 tot 1777, maakte vanaf 1792 de weg vrij voor de kolonisten. In het Verdrag van Waitangi uit 1840 zagen de Maori's weliswaar af van een soeverein grondgebied, maar daardoor kwam nog geen einde aan de kolonisatie.
In 1863 werd de oorspronkelijke inwoners hun **recht op land**, waarvoor ze tot op de dag van vandaag strijden, definitief ont-

*De **Maori's** zijn vermoedelijk afkomstig uit het oostelijk of centrale gedeelte van Polynesië en koloniseerden Nieuw-Zeeland omstreeks 900. Beroemd is het kunstige gezichtentrekken en de tatoeages. De uitgestoken tong speelt een rol in de krijgsdansen.*

zegd. In 1931 werd Nieuw-Zeeland, dat als eerste staat het **stemrecht voor vrouwen** invoerde, onafhankelijk. In het **parlement met één kamer**, waarvan de leden elke vier jaar verkiesbaar zijn en de minister-president kiezen, zijn vijf zetels beschikbaar voor de Maori's. De Engelse monarch is op papier het staatshoofd van Nieuw-Zeeland.

Economie

De **agrarische sector** staat op een hoog peil. Op het Noordeiland wordt voornamelijk graan en fruit verbouwd, het Zuideiland staat in het teken van de schapenteelt en de wol- en melkproductie.
De **industriële sector** bevindt zich inmiddels in een vergelijkbaar gunstige positie. Tot de voornaamste exportproducten behoren zowel elektrische apparaten als chemische en kunststofproducten; de houtexport wordt door intensieve aanplant bevorderd. Bodemschatten, zoals steenkool, aardgas en ijzererts, worden in geringe mate gewonnen. Een groot economisch potentieel ligt in de **energiewinning** door water- en warmtekracht.

Verkeer

Het wegennet is 93.000 km lang, waarbij de busverbindingen van grote betekenis zijn. Tussen de twee hoofdeilanden wordt druk gevaren. De scheepvaart garandeert de verbinding met de kleinere eilanden.
Van groot belang is bovendien het binnenlandse **vliegverkeer**. De vluchten vormen een verbinding tussen de meeste grotere plaatsen en zijn voor de Nieuw-Zeelanders bijna een hoofdvervoermiddel geworden. De internationale luchthavens bevinden zich bij Auckland, Wellington en Christchurch. Belangrijke **internationale havens** bij Auckland, Wellington, Christchurch en Dunedin.

Toerisme

Nieuw-Zeeland heeft een uitzonderlijke en voor een deel ook nog overwegend maagdelijke natuur, een schoon milieu en dienovereenkomstig talrijke fraaie landschappen. Bijna een vierde deel van het grondgebied staat onder natuurbescherming, waarvan 10% door **124 natuurreservaten** wordt ingenomen. Al in 1887 werd het Tongariro National Park gesticht, een populair ski- en wandelgebied in de schaduw van de grote vulkanen.
De grootste en ongetwijfeld beroemdste is het Fjordland National Park op het Zuideiland. Er zijn talloze mogelijkheden voor bergbeklimmers en voor wie gletsjertochten in het Mount Cook National Park wil ondernemen. Goudgele zandstranden zijn te vinden in het Abel Tasman National Park en op het schiereiland Coromandel. Andere centra zijn **Queenstown** in de Alpen en het thermische gebied rond Rotorua.

1

2

3

1 Tot de indrukwekkendste bezienswaardigheden in het Westland National Park, op het Zuideiland, behoort de 13 km lange Foxgletsjer.

2 Lawn bowling is in Nieuw-Zeeland een populaire volkssport. Zoals ook hier in het kuur- en recreatieoord Rotorua worden overal wedstrijden gehouden.

3 Het landschap in Nieuw-Zeeland kenmerkt zich door een zeer rijke verscheidenheid en doet denken aan de meest uiteenlopende gebieden in Europa. Wat dat betreft geldt Nieuw-Zeeland als de 'pocketuitgave' van de aarde.

Papua Nieuw-Guinea, Palau, Micronesië, Marshalleilanden

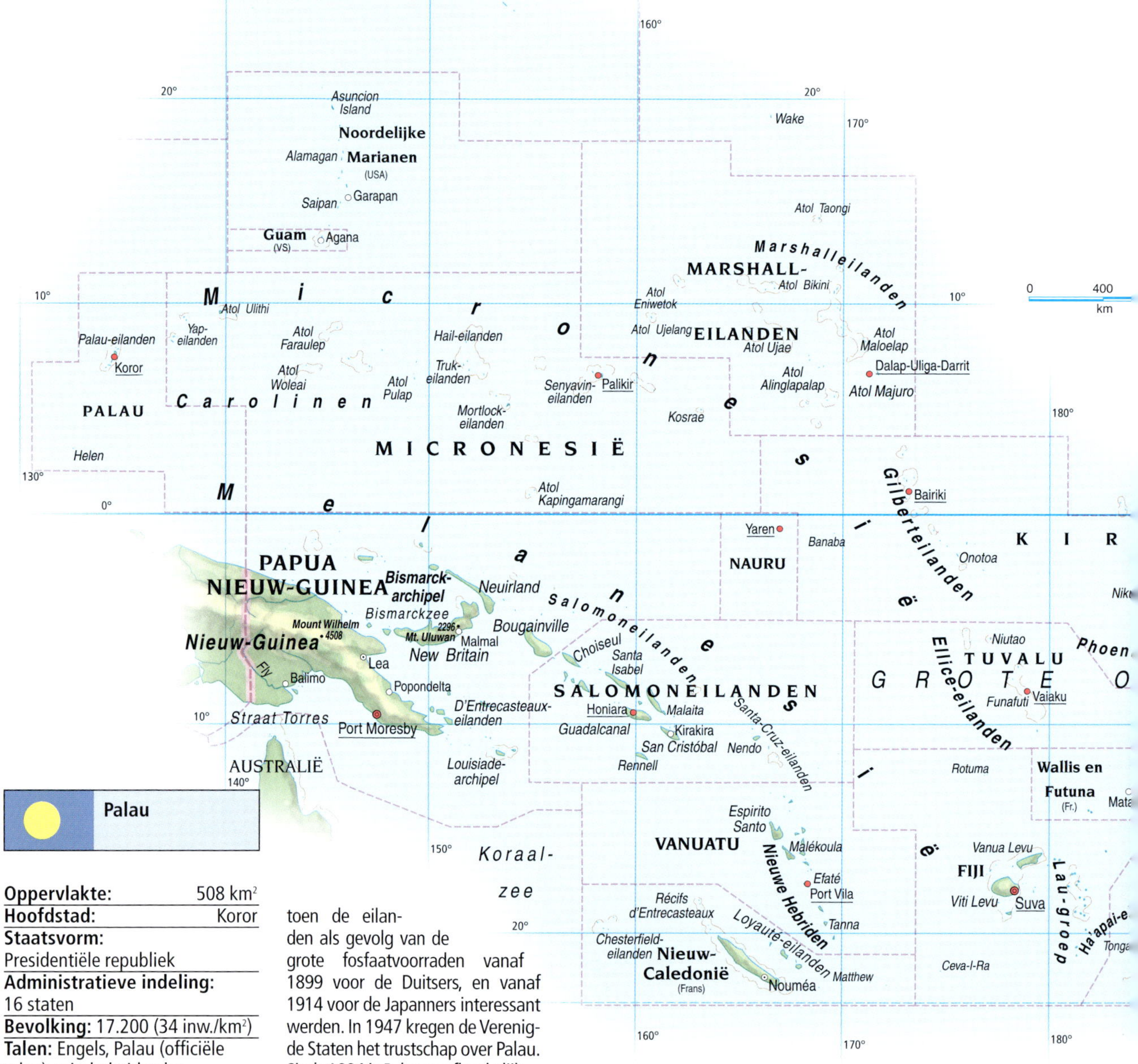

Papua Nieuw-Guinea

Oppervlakte: 462.840 km²
Hoofdstad: Port Moresby
Staatsvorm: Constitutionele monarchie binnen het Gemenebest
Administratieve indeling: 19 provincies, 1 arrondissement (hoofdstad)
Bevolking: 4,3 miljoen (10 inw./km²)
Talen: Engels (officiële taal), Melanesisch Pidgin, Motu, andere Papoeatalen
Bruto Nationaal Product: € 1288 per hfd
Munteenheid: 1 kina = 100 toea

Landschap

Het grondgebied omvat het oostelijk deel van het eiland **Nieuw-Guinea**, de **Bismarckarchipel** en talrijke kleine eilanden.

Klimaat

In het tropisch-vochtige klimaat heerst het hele jaar door een gemiddelde temperatuur van ongeveer 27°C.

Bevolking

De bevolking is voornamelijk samengesteld uit **Melanesiërs**, **Papoea's** en minderheden uit Micronesië en Polynesië. 34% van de bevolking hangt inheemse godsdiensten aan, de overgrote meerderheid kan men echter tot aanhangers van het christendom rekenen.

Geschiedenis en politiek

In 1884 lijfden Duitsland en Groot-Brittannië het oostelijk deel van Nieuw-Guinea in. Na de Eerste Wereldoorlog viel het gebied onder het bestuur van Australië, dat Papua Nieuw-Guinea in 1975 **onafhankelijk** maakte.

Economie

66% van de bevolking is werkzaam in de **agrarische sector**. In de industrie worden de omvangrijke **bodemschatten** verwerkt.

Toerisme

Schitterende stranden en nationale parken vormen dé trekpleisters.

Palau

Oppervlakte: 508 km²
Hoofdstad: Koror
Staatsvorm: Presidentiële republiek
Administratieve indeling: 16 staten
Bevolking: 17.200 (34 inw./km²)
Talen: Engels, Palau (officiële talen), minderheidstalen
Bruto Nationaal Product: € 11.666 per hfd
Munteenheid: 1 Amerikaanse dollar = 100 cents

Landschap

343 eilanden bevinden zich in een meer dan 200 km lange rij in de zuidwestelijk gelegen **Carolinen**.

Klimaat

Er heerst een tropisch-vochtig klimaat met het hele jaar door een gemiddelde temperatuur van ongeveer 27°C.

Bevolking

De bevolking is voor 84% samengesteld uit de oorspronkelijke inwoners van Palau. Onder de minderheden vormen de **Filippijnen** de grootste groep. 33% van de bevolking hangt de inheemse godsdienst **modekngei** aan, 66% is christen.

Geschiedenis en politiek

De Britten beheersten de handel toen de eilanden als gevolg van de grote fosfaatvoorraden vanaf 1899 voor de Duitsers, en vanaf 1914 voor de Japanners interessant werden. In 1947 kregen de Verenigde Staten het trustschap over Palau. Sinds 1994 is Palau onafhankelijk.

Economie

43% van het bruto nationaal product wordt in de landbouw en de industrie verdient. De dienstensector draagt 57% bij.

Toerisme

De vele koraaleilanden zijn wereldwijd vooral inspirerend voor duikers.

Micronesië

Oppervlakte: 701 km²
Hoofdstad: Kolonia
Staatsvorm: Bondsrepubliek
Administratieve indeling: 4 deelstaten
Bevolking: 110.000 (157 inw./km²)
Talen: Engels (officiële taal), 9 Micronesische en Polynesische talen
Bruto Nationaal Product: € 2222 per hfd
Munteenheid: 1 Amerikaanse dollar = 100 cents

Landschap

De eilanden zijn voor een deel van vulkanische oorsprong. Gedeeltelijk betreft het koraalatollen.

Klimaat

Er heerst een vochtig-warm tropisch klimaat met zowel veel neerslag als vaak voorkomende, zware tropische wervelstormen. Het hele jaar door blijft de temperatuur ongeveer 25°C.

Bevolking

Negen Micronesische en Polynesische etnische bevolkingsgroepen, voor het grootste deel christen.

Geschiedenis en politiek

Sinds de ontdekking in 1520/21 waren de eilanden in Spaans bezit, maar kwamen in 1899 onder Duits bestuur. Na de Eerste Wereldoorlog had Japan het trustschap over het gebied, na de Tweede Wereldoorlog waren dat de Verenigde Staten. Micronesië werd in 1990 onafhankelijk.

Economie

De **landbouw-** en **visserijsector** zijn grotendeels bedoeld voor de eigen voedselvoorziening. De uitgifte van visserijlicenties vormt een belangrijke inkomstenbron. De industrie verwerkt tonijn, kopra en voedingsmiddelen voor de export. Het **toerisme** vormt een belangrijke economische factor.

Toerisme

De ruïnensteden Lele in Kosrae en Nan Mandol in Pohnpei vormen naast het duiken de belangrijkste attracties.

Marshalleilanden

Oppervlakte: 181 km²
Hoofdstad: Dalap-Uliga-Darrit
Staatsvorm: Republiek
Administratieve indeling: 4 arrondissementen
Bevolking: 55.000 (304 inw./km²)
Talen: Engels (officiële taal),

*Als gevolg van het onherbergzame landschap leefden veel inwoners van **Papua Nieuw-Guinea** tot de aankomst van de Europeanen volledig afgezonderd. Weliswaar zijn de meeste oorspronkelijke bewoners tegenwoordig christen, de aanbidding van de voorvaderen en het occultisme spelen nog steeds een grote rol. De 'Grote Man' is een belangrijke, alleen aan mannen voorbehouden, politieke rang die door een weelderige lichaamsbeschildering wordt benadrukt. Zijn belangrijkste gaven zijn precieze kennis over de mythen en welbespraaktheid.*

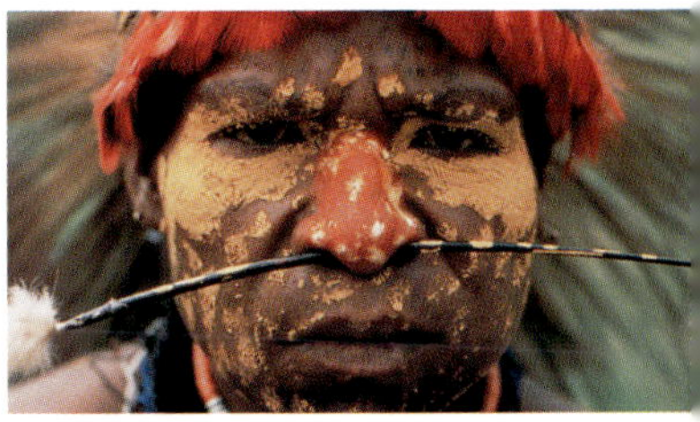

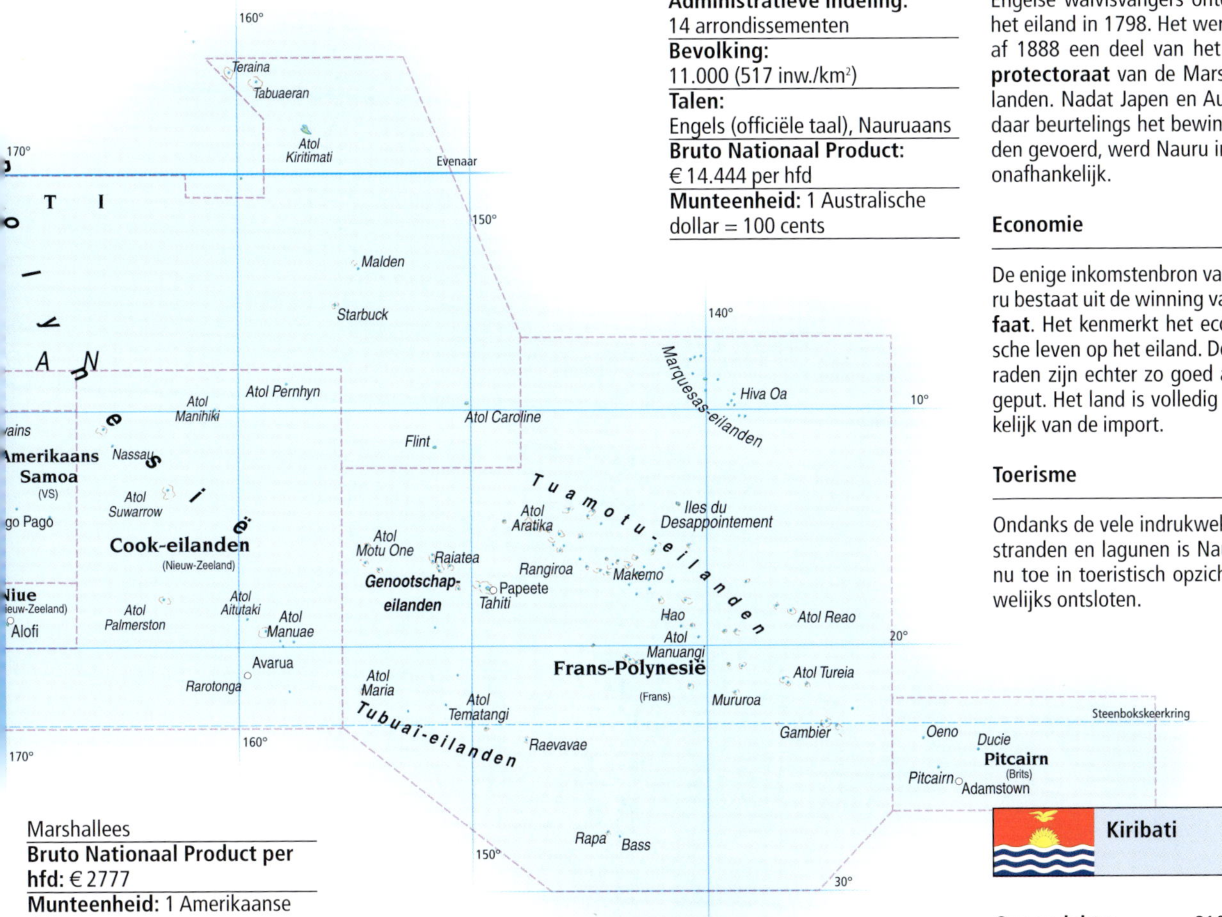

Marshallees

Bruto Nationaal Product per hfd: € 2777

Munteenheid: 1 Amerikaanse dollar = 100 cents

Landschap

De indeling van de republiek bestaat uit twee atolgroepen van elk 1200 km lang.

Klimaat

Er heerst een vochtig-warm tropisch klimaat. Het hele jaar door blijft de temperatuur ongeveer 25°C.

Bevolking

Het merendeel van de Micronesische bevolking is protestant.

Geschiedenis en politiek

De in 1529 ontdekte eilandengroep was vanaf 1884 een Duits protectoraat, dat door Japan in 1920 werd overgenomen. Het VN-trustschapmandaat van de VS werd in 1980 opgeheven.

Economie

Kokosnoten, broodvruchten, bananen, taros en papaja's worden in de **subsistentie-economie** verbouwd. Ook wordt er vee gehouden. Het land heeft weinig bodemschatten, alleen enkele fosfaatvoorraden worden op een atol gewonnen. De industriële sector verwerkt kokosproducten en tonijn voor de export. Ondersteuning van de Verenigde Staten vormt tot op de dag van vandaag de ruggengraat van de economie.

Toerisme

De riffen aldaar behoren tot de mooiste duikgebieden ter wereld.

Nauru

Oppervlakte: 21,3 km²
Hoofdstad: Yaren
Staatsvorm: Parlementaire republiek binnen het Gemenebest
Administratieve indeling: 14 arrondissementen
Bevolking: 11.000 (517 inw./km²)
Talen: Engels (officiële taal), Nauruaans
Bruto Nationaal Product: € 14.444 per hfd
Munteenheid: 1 Australische dollar = 100 cents

Landschap

Het kleine koraaleiland is omgeven door een rif dat bij eb opdroogt. Het zandstrand omzoomt het eiland en gaat over in een strook vruchtbare grond. Daarachter bevindt zich een plateau van 70 m hoog.

Klimaat

In het tropische klimaat heerst het hele jaar door een constante temperatuur van ongeveer 27°C. De regentijd duurt van november tot februari.

Bevolking

De bevolking spreekt Nauruaans en is voor 60% samengesteld uit autochtonen. Ook wonen er mensen uit de andere Zuidzee-eilanden. Bovendien leven er kleine groepen migranten uit Australië, Nieuw-Zeeland en China.

Geschiedenis en politiek

Engelse walvisvangers ontdekten het eiland in 1798. Het werd vanaf 1888 een deel van het **Duits protectoraat** van de Marshalleilanden. Nadat Japen en Australië daar beurtelings het bewind hadden gevoerd, werd Nauru in 1968 onafhankelijk.

Economie

De enige inkomstenbron van Nauru bestaat uit de winning van **fosfaat**. Het kenmerkt het economische leven op het eiland. De voorraden zijn echter zo goed als uitgeput. Het land is volledig afhankelijk van de import.

Toerisme

Ondanks de vele indrukwekkende stranden en lagunen is Nauru tot nu toe in toeristisch opzicht nauwelijks ontsloten.

Kiribati

Oppervlakte: 810,5 km²
Hoofdstad: Bairiki
Staatsvorm: Presidentiële republiek
Administratieve indeling: 6 arrondissementen
Bevolking: 79.000 (98 inw./km²)
Talen: I-Kiribati, Engels (officiële talen)
Bruto Nationaal Product: € 1022 per hfd
Munteenheid: 1 Australische dollar/Kiribati = 100 cents

Landschap

Het grondgebied bestaat uit 33 eilanden. Ze liggen verspreid over een gebied van 5 miljoen km² in de Grote Oceaan.

Klimaat

Het tropische klimaat zorgt het hele jaar door voor een constante temperatuur van ongeveer 28°C.

Bevolking

97% van de **Micronesische** bevolking is christen.

Geschiedenis en politiek

Op de eilandengroepen, die al in de prehistorie werden bewoond, vestigden zich in de 19de eeuw de eerste Europeanen. In 1892 werden de eilanden samen met de zuidelijk gelegen Ellice-eilanden een Brits protectoraat en vormden later een kolonie. Nadat de Ellice-eilanden zich in 1975 hadden losgemaakt van de rest, werd het gebied in 1979 onder de naam Kiribati **onafhankelijk**.

Economie

Sinds de **fosfaatvoorraden** zijn uitgeput, moet de economie het hebben van de kokosnotenoogst voor de export van kopra. Ook worden er visserijproducten uitgevoerd.

Toerisme

Het toerisme richt zich vooral op het eiland **Banaba** en de **Gilbert-eilanden**.

Solomoneilanden

Oppervlakte: 27.556 km²
Hoofdstad: Honiara
Staatsvorm: Parlementaire monarchie binnen het Gemenebest
Administratieve indeling: 8 provincies, 1 arrondissement (hoofdstad)
Bevolking: 375.000 (14 inw./km²)
Talen: Engels (officiële taal), Pidginengels
Bruto Nationaal Product: € 1011 per hfd
Munteenheid: 1 Solomoneilandendollar = 100 cents

Landschap

De in het westelijk deel van de Grote Oceaan gelegen Solomoneilanden strekken zich als een dubbele eilandketen uit over een totale lengte van 1450 km.

Klimaat

Het tropische regenklimaat en een

Samoa – op de eilanden van de Samoaanse archipel bevindt zich de naar alle waarschijnlijkheid oudste Polynesische cultuur. Het pre-koloniale maatschappelijke systeem bestond uit een complexe verstrengeling van familieverbanden en sociale betrekkingen. Aldus was een familiehoofd tegelijk ook lid van de dorpsraad die op zijn beurt een vertegenwoordiger naar de regionale raad delegeerde. In het tegenwoordige West-Samoa zijn veel oude gebruiken en traditionele structuren behouden gebleven.

gemiddelde temperatuur van 27°C zorgen het hele jaar door voor neerslag. Het grootste gedeelte valt van november tot april.

Bevolking

Op de eilanden wonen hoofdzakelijk **Melanesiërs**, maar ook **Micronesiërs** en **Polynesiërs**. Naast de officiële talen bestaan er ook nog eens 120 verschillende talen en dialecten.

Geschiedenis en politiek

Spaanse zeevaarders ontdekten de eilanden in 1567. Aan het einde van de 19de eeuw werden de Solomoneilanden een Brits protectoraat. In de Tweede Wereldoorlog volgde de bezetting door de Japanners. Nadat Groot-Brittannië in 1976 zelfbestuur had toegestaan, werd de eilandengroep in 1978 onafhankelijk.

Economie

Nog altijd vormt de **landbouw** de belangrijkste bedrijfstak. Ook de **visserijsector** heeft een groot aandeel in het exportwezen. Bovendien zorgt de **bosbouw** voor een belangrijke inkomstenbron van de staat.

Toerisme

Lagunen, watervallen, duikgebieden en zandstranden vormen de attracties voor buitenlandse toeristen. Het eiland **Guadalcanal** is het toeristische centrum.

Tuvalu

Oppervlakte: 26 km²
Hoofdstad: Vaiaku
Staatsvorm: Constitutionele monarchie
Administratieve indeling: 9 atollen
Bevolking: 10.000 (385 inw./km²)
Talen: Tuvalu, Engels
Bruto Nationaal Product: € 580 per hfd
Munteenheid: 1 Australische dollar = 100 cents

Landschap

De eilandengroep, gevormd door negen atollen en koraaleilanden, strekt zich uit over een lengte van 560 km in het zuidwestelijk deel van de Grote Oceaan. De meeste eilanden zijn van koraalkalk en omsluiten een lagune, waarbij ze slechts enkele meters boven het wateroppervlak uitsteken.

Klimaat

Tropisch zeeklimaat. Het hele jaar door een gemiddelde temperatuur van 29°C.

Bevolking

De bevolking van de eilandengroep is voor 96% samengesteld uit **Polynesiërs** en **Melanesiërs**. Vrijwel iedereen is er protestant.

Geschiedenis en politiek

Groot-Brittannië maakte er in 1892 een protectoraat van en lijfde de eilandengroep in 1912 in als kroonkolonie. Ook na de verkregen onafhankelijkheidsstatus in 1978 bleef Tuvalu een constitutionele monarchie.

Economie

Als een van de kleinste staten ter wereld had Tuvalu met de export van kopra, de uitgifte van visserijlicenties en de verkoop van eigen postzegels aanvankelijk voldoende de inkomsten om industriële producten en consumptiegoederen te kopen. Prijsdalingen en afzetproblemen maakten het land afhankelijk van ontwikkelingshulp.

Toerisme

Tuvalu is een paradijs voor duikers en Zuidzeeromantici.

Vanuatu

Oppervlakte: 12.190 km²
Hoofdstad: Port Vila
Staatsvorm: Republiek binnen het Gemenebest
Administratieve indeling: 6 provincies
Bevolking: 170.000 (14 inw./km²)
Talen: Engels, Frans, Bislama
Bruto Nationaal Product: € 1333 per hfd
Munteenheid: 1 vatu = 100 centimes

Meer dan 90% van de bevolking van Vanuatu zijn Melanesiërs.

Landschap

Tot de 2000 km oostelijk van Australië gelegen republiek behoren twaalf hoofd- en 70 secundaire eilanden. Ze strekken zich als geheel 800 km van noord naar zuid uit. Vanuatu wordt gevormd door steil uit de zee opdoemende, gedeeltelijk nog actieve vulkaan- en koraaleilanden.

Klimaat

Met uitzondering van de zuidelijk gelegen eilanden Eromanga en Aneityum, waar het veeleer droog is, domineert er elders een tropisch regenklimaat met een gemiddelde temperatuur van 25°C.

Bevolking

De **Melanesiërs** vormen de meerderheid. Verder wonen er **Micronesiërs, Aziaten** en **Europeanen**. Ongeveer 80% is christen.

Geschiedenis en politiek

De eilanden zijn al minstens 3000 jaar bewoond. De Portugezen ontdekten de groep in 1606. In 1906 spraken Engeland en Frankrijk af om tot een gemeenschappelijk bestuur te komen.
Vanuatu is sinds 1980 onafhankelijk, een **republiek** behorend bij het Gemenebest. De grondwet uit 1980 voorziet in een parlement met 50 leden die elke vier jaar verkiesbaar zijn.

Economie

Naast de **visserij** vormt de **landbouw** de belangrijkste economische factor. 65% van de beroepsbevolking is erin werkzaam. Het toerisme en de dienstensector maakten de afgelopen jaren een gestage groei mee.

Toerisme

De mooie tropische gebieden en vulkaanlandschappen vormen naast de badplaatsen dé steunpilaren van een goed ontwikkelde toeristenindustrie. Als centra gelden **Valekula** en **Pentecost**.

Fiji

Oppervlakte: 18.376 km²
Hoofdstad: Suva
Staatsvorm: Republiek
Administratieve indeling: 14 provincies, 4 arrondissementen
Bevolking: 775.000 (42 inw./km²)
Talen: Engels, Fijisch (beide officiële talen), Hindi
Bruto Nationaal Product: € 2711 per hfd
Munteenheid: 1 Fijidollar = 100 cents

Landschap

Het grondgebied bestaat uit meer dan 320 eilanden. Het gaat daarbij enerzijds om atollen en anderzijds om eilanden van vulkanische oorsprong. Slechts 110 eilanden zijn bewoond.

Klimaat

Er heerst een mild zeeklimaat met een gemiddelde temperatuur van 27°C in januari en 23°C in juli.

Bevolking

50% van de bevolking is samengesteld uit **Melanesiërs** (christen), de andere helft uit **Indiërs** (hindoes). Daarnaast woont er een islamitische minderheid.

Geschiedenis en politiek

Er zijn bewijzen van een vroege vestiging van Polynesiërs op de Fiji-eilanden, die in 1643 door Abel Tasman werden ontdekt. De aankomst van James Cook effende de vanaf 1874 het pad voor de Britse kolonisatie. Na de onafhankelijkheid in 1970 was het land tot 1987 lid van de Gemenebest en riep na een militaire coup de **republiek** uit. Het Huis van Afgevaardigden en een senaat – grotendeels bestaande uit door de Hoge Raad (hoofdmannen) benoemde leden – regeren samen.

Economie

67% van de bevolking is werkzaam in de **subsistentie-landbouweconomie**. De suikerrietplantages en de visserij staan in het teken van de export. De **industrie** bestaat hoofdzakelijk uit suikerfabrieken, rijstmolens, maar ook kleding- en lederwarenbedrijven. In de houtzagerijen wordt vooral het **timmerhout** uit de uitgestrekte bossen verwerkt.
Ook zijn er inkomsten dankzij de winning van **goud** en **koper**. De dienstensector draagt voor ongeveer 61% bij aan het bruto nationaal product. De toeristenindustrie brengt de meeste deviezen binnen.

Toerisme

De belangrijkste bestemming van de talrijke toeristen vormen de met vele palmen voorziene clubeilanden en vakantiecentra, zoals de **Mamanuca-** of de **Yasawa-eilanden**.

Samoa (West)

Oppervlakte: 2831 km²
Hoofdstad: Apia

*De huidige bewoners van **Polynesië** zijn daar niet als eersten gearriveerd. Pas na omzwervingen kwamen ze daar tussen 500 v.C. en 300 aan. Hun precieze afkomst is niet bekend. Daar waar de oorspronkelijke sociale structuur behouden is gebleven, vormen de familieverbanden de basis van een aristocratisch georganiseerde samenleving. De hoofdman wordt – gemengde erfopvolging – door de oudsten gekozen. De familiestructuur is patriarchaal en polygaam.*

Staatsvorm: Constitutionele hoofdmannenmonarchie
Administratieve indeling: 11 arrondissementen
Bevolking: 165.000 (59 inw./km²)
Talen: Samoaans, Engels (officiële talen)
Bruto Nationaal Product: € 1244 per hfd
Munteenheid: 1 tala = 100 sene

Landschap

Samoa bestaat uit de twee grotere eilanden Savai'i en Upolu. Verder zijn er zeven kleinere eilanden, allemaal van vulkanische oorsprong. De eilanden zijn in het binnenland voorzien van regenwouden. De kuststroken worden voor de landbouw gebruikt.

Klimaat

Het klimaat is oceanisch-tropisch, met een koelere winterperiode van mei tot november (gemiddelde jaartemperatuur is 27°C.) Het hele jaar door lange, zonnige perioden met korte, heftige buien.

Bevolking

99% van de voornamelijk protestantse bevolking is samengesteld uit autochtone **Polynesiërs**.

Geschiedenis en politiek

Na een vroege vestiging van Polynesiërs ontdekten de Hollanders het eiland in 1721/22 en werd Samoa in de 19de eeuw vervolgens een speelbal van de koloniale machten Engeland, Duitsland en de Verenigde Staten. Vanaf 1920 stond de eilandengroep onder het bestuur van Nieuw-Zeeland, maar werd na de Tweede Wereldoorlog een trustschapgebied van de VN en in 1961 onafhankelijk.

Economie

De economie is voor 80-90% gebaseerd op de **subsistentie-economie**.

Toerisme

Bezienswaardig zijn de stranden en landschappen, maar ook **Letolo**, waar een van de belangrijkste archeologische sites van Oceanië te vinden is.

Tonga

Oppervlakte: 748 km²
Hoofdstad: Nuku'alofa
Staatsvorm: Constitutionele monarchie binnen het Gemenebest
Administratieve indeling: 5 bestuursgewesten
Bevolking: 100.000 (134 inw./km²)
Talen: Tonga (officiële taal), Engels
Bruto Nationaal Product: € 1811 per hfd
Munteenheid: 1 pa'anga = 100 seniti

Landschap

Tonga bestaat uit een groep van 172 eilanden in het zuidelijk deel van de Grote Oceaan. Ze lopen in twee reeksen van noord naar zuid. Terwijl de westelijk gelegen eilanden van vulkanische oorsprong en bergachtig zijn, zijn de oostelijk gelegen kleine koraaleilanden.

Klimaat

Tonga heeft een tropisch klimaat, beïnvloed door de noordwestpassaat. Er heerst een gemiddelde temperatuur van 22 tot 26°C. De regentijd duurt van december tot april.

Bevolking

Met 98% autochtone **Polynesiërs** is de bevolking van Tonga zeer homogeen samengesteld. De meerderheid hangt het christendom aan.

Geschiedenis en politiek

Na de Hollandse en Engelse expedities in de 17de en 18de eeuw werd Tonga vanaf het einde van de 18de eeuw door Engelse missionarissen gekerstend. In 1900 werd het eiland een Brits protectoraat en kreeg in 1970 de onafhankelijkheidsstatus.

Economie

De economie van het land wordt nog steeds gekenmerkt door de **landbouw**, waarin de helft van de beroepsbevolking werkzaam is. Kokosnoten en bananen zijn de belangrijkste exportproducten.

Toerisme

Het eiland **Lifuka** en de eilandengroep **Ha'apai** vormen de toeristische centra.

1 Een atol van 2 bij 6 km, omzoomt door witte stranden, vormt het vulkanische eiland Kayangel ten noorden van Palau.

2 De Carolinen, een archipel, zijn gevormd uit 963 eilandjes in het westen van de Grote Oceaan. In 1994 kreeg Palau de onafhankelijkheidsstatus; de overige eilanden maken sindsdien deel uit van Micronesië.

3 De eilanden van West-Samoa worden als de laatste maagdelijke Zuidzeeparadijzen beschouwd. Om de eigen identiteit te bewaren, wordt de toeristische infrastructuur weloverwogen ontwikkeld.

Grote foto:
Machtsvertoon – vier kolossale, zittende figuren stellen farao Ramses II voor en sieren de ingang van de grote tempels van Abu Simbel. Ramses II (1279-1213 v. C.) was de grootste opdrachtgever in het Egypte uit vervlogen tijden.

De geschiedenis van Afrika

Het zwarte werelddeel is de wieg van de mensheid. Vanaf dit continent verspreidde de homo sapiens zich over de hele aarde. In Egypte gedijde een van de belangrijkste hoogontwikkelde culturen van weleer.

De burgeroorlog in Liberia dwong miljoenen mensen om te vluchten.

Maar ook ten zuiden van de Sahara werden de resten gevonden van een zwarte beschaving, bijvoorbeeld die van Groot-Zimbabwe. Aan de Middellandse-Zeekust werden de Puniërs opgevolgd door de Romeinen, de Byzantijnen, de Vandalen en tenslotte de Arabieren die de islam verder over het continent verbreidden. Na de aankomst van de Europese ontdekkingsreizigers begon de heerschappij van de buitenlandse machten. Pas na de Tweede Wereldoorlog ontstonden er soevereine staten die tot op de dag van vandaag de zware last van de erfenis van het kolonialisme met zich mee moeten dragen. Om over natuurrampen, etnische conflicten, epidemieën en mislukte oogsten maar te zwijgen.

*Sudan – op het piramidenveld bij **Meroe**, de hoofdstad van het Kuschrijk, werden de koningen naar Oudegyptisch voorbeeld begraven. De bloeitijd van deze zwarte beschaving duurde ongeveer van 300 v. C. tot 350 n. C.*

Afrika toen

Naar alle waarschijnlijkheid ontwikkelde de homo sapiens zich al meer dan 200.000 jaar geleden in Afrika. Hij leefde van de jacht en was een verzamelaar, waarbij hij eenvoudige stenen werktuigen gebruikte en zich uiteindelijk als nomade of Bosjesman over het hele continent verspreidde.

De groeiende bevolking differentieerde zich ongeveer 12.000 jaar geleden in verschillende rassen, waarbij de culturen die van de landbouw leefden, de Bosjesmannen steeds verder in de onherbergzame gebieden verdrongen. De Bantoes vormden de dominante stam en vestigden zich in grote delen van Centraal- en Zuid-Afrika. De oorspronkelijke bevolking was voornamelijk in families georganiseerd, later ontstonden er ook grote koninkrijken in West- en Centraal-Afrika.

Noord-Afrika

De eerste grote beschaving ontwikkelde zich omstreeks 5000 v. C. in de Nijldelta, waar regelmatig optredende overstromingen de voorwaarden schiepen voor een doeltreffende landbouw. Meer dan 4000 jaar lang beïnvloedde het rijk van de farao's de wereldgeschiedenis. De inzichten met betrekking tot de ijzerproductie en de kennis over politieke organisatiestructuren verbreidden zich vanaf de 8ste eeuw v. C. tot in de tropische gebieden.

De Oudegyptische geschiedenis is in verschillende tijdperken onderverdeeld. Het Oude Rijk bestond van 2755 tot 2255 v. C. In die periode werden de wereldberoemde piramiden van Giseh gebouwd. Deze monumentale bouwwerken zijn de stenen getuigen van de onbeperkte macht van de koningen die zich aan de top van een strak georganiseerde ambtenarenstaat bevonden. Na de val van het Oude Rijk maakte Egypte tijdens het Middenrijk een nieuwe bloeiperiode mee, die begon met de 12de Dynastie in 1991 v. C. en waar met de 13de dynastie echter weer een einde aan kwam. De meeste Oudegyptische bouwwerken stammen uit het Nieuwe Rijk. In die periode waren Sethos I en Ramses II de belangrijkste heersers. Imposante bouwwerken, zoals de tempels van Karnak, Luxor en West-Thebe, zagen toen het licht. Na het overlijden van Ramses III stortte het rijk in en zwaaiden diverse buitenlandse machten de scepter. Weliswaar kon de Perzische overheersing tijdens de regeerperiode van de 28ste tot de 30ste Dynastie zo nu en dan teniet worden gedaan, de koningen van de 30ste Dynastie waren hoe dan ook definitief de laatste Egyptische farao's. In 332 v. C. veroverde Alexander de Grote het land en veranderde Alexandrië in een spiritueel en politiek centrum. De heerschappij van het Ptolemeïsche bewind eindigde met de nederlaag van Cleopatra tijdens de Slag bij Aktium. Van 30 v. C. tot 395 was het land aan de Nijl een Romeinse provincie.

De Egyptische koning Tuthankhamon (1347-1339 v. C.) met zijn gemalin.

Aan de Middellandse-Zeekust bouwden de Feniciërs handelsposten, van waaruit zich de machtige handels- en maritieme macht Carthago ontwikkelde. Na de Derde Punische Oorlog kwamen de Romeinen in 146 v. C. in het tegenwoordige Tunesië aan land, dat vanaf toen als Afrikaanse provincie deel ging uitmaken van het Imperium Romanum. Tot de 1ste eeuw v. C. veroverden ze Noord-Afrika. In de 4de eeuw hoorden de gebieden ten westen van het huidige Libië bij het West-Romeinse Rijk en de oostelijk gelegen streken bij het Oost-Romeinse Rijk

Na de val van het West-Romeinse Rijk, in de 5de eeuw, hadden de Vandalen, een Germanenstam, het voor het zeggen aan de Middellandse-Zeekust. Uiteindelijk werden ze in de 6de eeuw weer verjaagd door de Byzantijnen. Niet lang na het overlijden van Mohammed drongen de Arabieren Egypte binnen en veroverden in de 8ste eeuw Marokko. De bevolking werd geïslamiseerd, alleen de christelijke staten Alwa en Makuria in Sudan konden nog ongeveer 600 jaar hun autonomie op religieus gebied behouden. De karavaanhandel door de Sahara zorgde voor een verdere islamisering van andere delen van het continent. Islamitische veroveraars uit Jemen stootten door tot in de kuststaat Aksum en stichtten Adal en Harar.

De triomftocht van de islam leek onstuitbaar en de verovering van het Iberisch Schiereiland betekende een ernstige bedreiging van het christelijke Europa. Tot de belangrijkste islamitische machtsfactoren behoorden de Mammelukken, die in de 14de eeuw het christelijke Sudan veroverden. Ze bleven ook na de aankomst van de Turkse Osmanen tot de veldtocht van Napoleon in Egypte, in 1798, de feitelijke heersers van Egypte. Een aanvankelijk succesvolle aanval op het christelijke Ethiopië door het sultanaat Adal werd in 1542 met hulp van de Portugezen weer afgeslagen.

De koninkrijken van West-Afrika

De Saharahandel in slaven, goud, zout, textiel en gebruiksvoorwerpen bevorderde de opkomst van grotere, meer samenhangende koninkrijken. In het westelijk deel van de Sudan ontstond omstreeks 400 het Ghanarijk met de toenmalige hoofdstad Kumbi Saleh. Tot in de 11de eeuw controleerde dit rijk de handelsroutes tussen Marokko en de kustwouden van West-Afrika. Niettemin werd de invloed van de Arabieren uit het noorden steeds groter. Uiteindelijk kregen de Almoraviden onder commando van Yusuf Ibn Tachfin aan het einde van de 11de eeuw tijdens een heilige oorlog de heerschappij. Ze werden in de 12de eeuw opgevolgd door de Soso, die op hun beurt in 1240 door de Malinezen werden verdreven.

Het Malirijk werd in de 11de eeuw door de Malinké gesticht en maakte tijdens het bewind van koning Mansa Musa in de 14de eeuw zijn bloeitijd mee. Van deze heerser wordt beweerd dat hij een pelgrimstocht naar Mekka heeft ondernomen, hoewel de islamisering al veel eerder was ingezet. Na 1400 drongen de Songhai het Malirijk terug, dat tijdens het bewind van Askia Mohammed het grootst werd. De hoofdstad Gao werd door troepen van uit Marokko stammende Al-Mansur in 1591 veroverd. De daaropvolgende rijken Macina, Gonja Ségou en Kaarta konden geen duurzame politieke en economische organisatiestructuren meer ontwikkelen.

De stadstaten van de Hausa – waaronder Biram, Daura, Katsina, Zaria Kano, Rano en Gobir – vormden in de 10de eeuw een doorslaggevende machtsfactor in het gebied tussen de Niger en het Tsjaadmeer, waar de grote handelsroutes zich naar hadden verplaatst. Ten noorden en oosten van het Tsjaadmeer kwam het rijk Kanem-Bornu op, dat tot 1846 standhield.

In West-Afrika beperkte de islam zich aanvankelijk tot de steden. Maar in de 15de eeuw begon een systematische islamisering die ook vat kreeg op de eenvoudige bevolking. De Kunta-Arabieren waren in de 15de eeuw de eerste zendelingen, in de 16de eeuw opgevolgd door het Quadriyya-broederschap, en nog later de Fulbe. Aan het begin van de 19de eeuw veroverden de Fulbe de Hausastaten en stichtten theocratisch georganiseerde rijken, zoals Macina.

De koninkrijken van Oost-Afrika

Over de vroege geschiedenis van Oost-Afrika is relatief weinig bekend. In het binnenland hadden zich Bantoestammen gevestigd, terwijl de kuststreken al snel gecontroleerd werden door Arabische kooplui die in de 13de eeuw de Zenj-stadstaten stichtten en in goud, slaven en ivoor handelden. Tussen het Victoria- en het Edwardmeer ontwikkelden zich in de 14de eeuw enkele goedgeorganiseerde staten die tot ongeveer 1500 onder de heerschappij van de Bachwezi stonden, waarna migranten uit Sudan het bewind gingen voeren. Later kwamen er meer staten bij, waarvan tot in de tweede helft van de 18de eeuw Bunyono, later Buganda de belangrijkste waren.

De koninkrijken van Centraal-Afrika

Hoewel over de vroege gemeenschappen in Centraal-Afrika nauwelijks iets met zekerheid gezegd kan worden, zijn er waarschijnlijk al sinds het begin van de 9de eeuw politieke structuren geweest en bestond er om die reden een bloeiende handel in koper en ivoor. In de 14de eeuw ontstond het koninkrijk Kongo, omstreeks 1500 het Lubarijk, en ongeveer 100 jaar later het Lundarijk. De Karanga, een Bantoevolk, stichtten het rijk Mwene-Mutapa, dat dankzij de omvangrijke goudwinning floreerde en zich uitstrekte van de Zambezi over de Kalahari tot aan de Indische Oceaan en de Limpopo.

De mens als koopwaar – tot ver in de 19de eeuw floreerde de ***slavenhandel*** *in zwart Afrika. De Europese opdrachtgevers lieten hun 'koopwaar' doorgaans vanaf de westkust naar de plantages in de Verenigde Staten, Brazilië en de Cariben verschepen.*

De koninkrijken van Zuid-Afrika

In Zuid-Afrika waren de Bosjesmannen in het begin van de 19de eeuw grotendeels door de Bantoes verdreven. Door hun krijgszuchtige expedities veroorzaakten de Zoeloes omvangrijke demografische veranderingen in het zuidelijk deel van Afrika. Er ontstonden de Ndwandwe-rijken, het koninkrijk Swazi en het rijk van de Ngoni, dat echter al snel in vijf gebieden uiteenviel. In het zuiden van het huidige Mozambique ontwikkelde zich omstreeks 1830 de staat Gaza en korte tijd later, in het huidige Zimbabwe, een koninkrijk in Matabeleland.

De aankomst van de Europeanen

Dankzij de verbeterde nautische kennis lukte het de Portugezen in de 15de eeuw om de door moslims gecontroleerde handelsroutes met behulp van handelscentra aan de kust te omzeilen. Aldus werden de kuststreken steeds belangrijker, dit in tegenstelling tot het binnenland. Aanvankelijk ruilde men textiel, ijzerwaren en vuurwapens in voor ivoor en goud. Al snel vervulde de slavenhandel een almaar grotere rol.

De Spanjaarden, Portugezen, Fransen en Engelsen kochten arbeidskrachten voor in de mijnen en op de plantages in de Nieuwe Wereld. Aangezien de Europeanen de slaven doorgaans niet met eigen handen vingen, maar zich door Afrikaanse tussenhandelaren lieten bedienen, ontstonden er bloeiende koninkrijken die gebaseerd waren op de slavenhandel.

Eerst was daar Benin, ten westen van het huidige Nigeria. Aan het einde van de 17de eeuw werden de koninkrijken Dahomey en Oyo de belangrijkste spelers. Zij werden vanaf de 18de eeuw door de Ashanti, toen een West-Afrikaanse grootmacht, afgelost. De tijdens de talloze burgeroorlogen – die tot aan het einde van de 19de eeuw duurden – gevangengenomen mensen werden met winst aan de Europeanen verkocht.

Na het verlies van de koloniën in Noord-Amerika veranderde de houding van de Engelsen ten aanzien van de slavenhandel. Voortaan werd de verkoop van mensen afgewezen, en er diende een kolonie te komen, speciaal bedoeld voor bevrijde slaven. Na een mislukte poging in de Saint George Bay veranderde Freetown – gelegen in Sierra Leone dat sinds 1808 een Britse kroonkolonie was – in een Engelse marinebasis, gericht tegen de internationale slavenhandel. Vrijgelaten slaven uit de Verenigde Staten stichtten uiteindelijk Liberia, de eerste zwarte republiek.

De Britse strijd tegen de slavernij had evenwel niet alleen humanitaire achtergronden. Het ging de Engelse kroon veeleer om het overwicht op de wereldzeeën, en het op stang jagen van Spaanse of Portugese slavenschepen had als nuttig neveneffect dat de maritieme concurrenten onder de dekmantel van de mensenrechten werden verzwakt.

Door deze politiek kwam Engeland ook in conflict met de Afrikaanse rijken, die alleen floreerden dankzij de mensenhandel. Aldus onderwierpen de Britten in het midden van de 19de eeuw tijdens talrijke oorlogen zowel de Ashanti als enkele volkeren in de Nigerdelta, waaronder de Calabar, de Bonny en de Brass. In 1861 riepen de Britten zichzelf ook formeel uit als heersers van Lagos.

In Oost-Afrika waren de Britten niet zo succesvol als het ging om hun inzet tegen de slavenhandel. Als sinds de 17de eeuw streden de Portugezen daar tegen de autochtone islamitische machthebbers om de hegemonie. Ethiopië kon zijn onafhankelijkheid alleen staande houden dankzij de Portugezen, die echter aan het einde van de 18de eeuw hun stellingen in het noordelijk deel van Oost-Afrika moesten verlaten. Ondanks anders klinkende verdragen met Groot-Brittannië ging de slavenhandel in die regio nog geruime tijd door.

Bij Kaap de Goede Hoop hadden de Nederlanders sinds 1652 bases ter ondersteuning van hun handel in Achter-Indië. De belangrijkste nederzetting was Kaapstad, op de zuidpunt van het continent. De nazaten van deze kolonisten zijn de Boeren. Op hun zoektocht naar

1 Talrijke historische gebouwen herinneren aan de vroegere pracht en praal in de Marokkaanse koningsstad Marrakech.

2 De stèles in Aksum, de kroningsplaats van de Ethiopische heersers, uit de 4de eeuw. In die periode werd Ethiopië onder koning Ezana gekerstend.

3 Djenné was in cultureel opzicht een prominente islamitische plaats en in de 14de eeuw bovendien de belangrijkste handelsmetropool van het Malirijk.

4 De Portugezen bouwden in 1482 de vesting in Elmina. Het betreft het grootste Europese bouwwerk in de tropen.

*De van 1954 tot 1970 aan de macht zijnde staatspresident **Gamal Abdel el-Nasser** zorgde in 1958 voor de eenwording van Syrië en Egypte onder de naam Verenigde Arabische Republiek. In 1961 kwam daar weer een einde aan. Ook de Libische revolutionaire leider **Muammar al Gaddafi** werkte diverse plannen uit voor een eenwording van Libië met andere Arabische landen.*

weide- en akkerland drongen ze steeds verder het binnenland in en verdreven de aldaar woonachtige Bantoevolkeren en de Khoikhoin.

Het imperialisme

Sinds het einde van de 18de eeuw gingen de Europese machten ertoe over het zwarte continent volledig en systematisch te verkennen en het in hun koloniale rijken te integreren. Bepalend voor de Europese belangstelling was het feit dat het binnenland in toenemende mate werd geëxploreerd.
In 1770 bereikte de Britse ontdekkingsreiziger James Bruce de bron van de Blauwe Nijl. Mungo Park verkende in de eerste jaren van de 19de eeuw de loop van de Niger. En de Duitser Heinrich Barth zorgde ervoor dat het islamitische West-Sudan bij de Europeanen bekend werd. David Livingstone verkende de loop van de Zambezi en ontdekte in 1855 de Victoriawatervallen. John Hanning Speke, James August Grant en Samuel White Baker vonden in 1863 de bron van de Nijl.
Gelijktijdig waren de grote Europese naties verwikkeld in een imperialistische wedloop met als doel zoveel mogelijk grote gebieden als koloniën in bezit te nemen. De drijfveren waren nationaal prestige en het vooruitzicht op flinke winsten door de winning van natuurlijke hulpbronnen en later ook de aanleg van spoorwegen.
Frankrijk veroverde in 1830 Algerije en had sinds de bezetting van Tunesië in 1881 een enorm, verweven koloniaal rijk in West- en Equatoriaal-Afrika. In 1895 kwamen daar Madagaskar en in 1911 Marokko bij. Conflicten over de opdeling van Afrika brachten de Europese machten niet zelden aan de rand van een oorlog. Zo konden de Fransen in 1908 en 1911 zich weliswaar staande houden terwijl de Duitsers een kanonneerbootpolitiek in Marokko voerden, ze moesten echter hun offensief aan de Boven-Nijl tijdens de Fasjoda-crisis in 1898/99 vanwege de felle Britse weerstand opgeven. Groot-Brittannië had de Nederlanders in de periode 1806-1814 de Kaapprovincie ontnomen en vormden vervolgens een veel groter koloniaal rijk in zuidelijk Afrika. In 1843 veroverden ze Natal, van 1866 tot 1879 Kafferland, in 1885 Bechuanaland, in 1890 Rhodesië en in de periode 1899-1902 voegden ze daar de onafhankelijke Boerenstaten aan de Vaal en de Oranje Vrijstaat aan toe.
In 1910 maakten de Britten van die kolonies in zuidelijk Afrika de Unie van Zuid-Afrika. De Britten bezetten Egypte in 1882 en veroverden van daaruit na een oorlog met de Mahdisten van 1896 tot 1899 het oostelijk deel van Sudan. In Oost-Afrika werden daar van 1887 tot 1890 Kenia en Uganda aan toegevoegd. In ruil voor Helgoland kwam daar tevens het voorheen Duitse Zanzibar bij.
De Portugezen breidden hun koloniale kustland uit naar de kolonie Angola en trokken oostwaarts op naar Mozambique. Het van 1881 tot 1885 gestichte Kongo, zo ongeveer het privé-bezit van de Belgische koning, werd in 1908 Belgisch-Kongo. Het Duitse Rijk verwierf in 1884/85 Togo, Kameroen, Duits Zuidwest-Afrika en Duits Oost-Afrika. Spanje behield kleine delen van Marokko en de Westelijke Sahara. Als laatste koloniale macht in Afrika veroverde Italië in 1911/12 het Turkse Libië en in 1936 Ethiopië, waarbij beide gebieden na de Tweede Wereldoorlog weer afgegeven moesten worden.
De Duitse gebieden vielen als gevolg van de bepalingen van het Verdrag van Versailles in 1919 onder het Volkerenbondmandaat. De Berlijnse Kongoconferentie in 1884/85, waarbij de Duitse rijkskanselier Bismarck als 'eerlijke makelaar' opriep tot een belangencompensatie der imperialistische machten, kon de gigantische tegenstellingen tussen de koloniale heersers toch niet echt wegnemen. De scheepvaartrechten op de Kongo en de Niger werden bepaald, en elk land dat een handtekening had gezet verplichtte zich ertoe alle andere machten te informeren wanneer nieuwe gebieden werden verworven of als ze een protectoraat wilden overnemen.

1 **Democratische pogingen, zoals deze dorpsraad op Madagaskar, worden door** **2** **gewapende conflicten en burgeroorlogen, zoals in Ethiopië, overschaduwd.** **3** **Niet alleen in Liberia moesten talloze mensen voor de oorlog vluchten.** **4** **Dankzij de eerste verkiezingen kreeg in 1994 de democratie in Zuid-Afrika een kans.**

Het streven naar vrijheid

De algehele politiek in Afrika werd door de Europese machthebbers bepaald. De inheemse bevolking kreeg geen stem in de te nemen besluiten. De verlangens van de Europeanen hadden bovendien verstrekkende gevolgen voor de traditionele sociale structuur van de inheemsen.
Maar niet overal wilde men klakkeloos buigen voor de buitenlandse overheersing. Zo kwam het in 1870 in Algerije tot een opstand tegen de Fransen, die ook in het westelijk deel van Sudan op aanzienlijk veel weerstand stuitten. De Britten zagen zich geconfronteerd met gewapend verzet in Matabeleland, Ashantiland, in de Fulbe-staten, Sokoto en in Sierra Leone. De Duitsers vochten van 1904 tot 1908 tegen de Hereros in het zuidwesten van Afrika, en van 1905 tot 1907 hadden ze te maken met een opstand van de Maji-Maji in Tanganjika.
Alle opstanden werden bloedig neergeslagen. Alleen Ethiopië kon zich in 1896 tijdens de Slag om Adua met succes verzetten tegen de omarmingspogingen van de Italianen. Na de Eerste Wereldoorlog werd de uitbuiting van Afrika verder geforceerd.
Hoewel enkele pionierskoloniën, zoals Algerije, Rhodesië en Kenia, weliswaar uitgebreid zelfbestuur kregen, werd de gekleurde bevolking geen politieke participatie toegestaan.
Aan de vooravond van de Tweede Wereldoorlog bestonden er in Afrika inmiddels verscheidene nationale belangengroeperingen. Goedgeorganiseerde, grote volkspartijen zagen echter alleen in Algerije en Egypte het licht.

Afrika nu

De Tweede Wereldoorlog zorgde voor een duidelijk toegenomen Afrikaans zelfbewustzijn. De Britten en Fransen deden verregaande concessies, wat de organisatie van nationale groeperingen versnelde. Aan de top van de verenigde Afrikaanse beweging stonden intellectuelen, onder wie Kwame Nkruma en Jomo Kenyatta.
Overal in Afrika ontstonden grote volkspartijen en arbeidersbewegingen. De overgang naar de onafhankelijkheid diende vreedzaam te verlopen, alhoewel de Kikoejoe zich met hun Mau-Mau-acties in Kenia met bommengeweld een weg naar de vrijheid wilden banen. Ghana werd in 1957 de eerste staat in zwart Afrika met de onafhankelijkheidsstatus. Een jaar later volgde Guinee, en 1960 was het 'Afrikaanse jaar', waarin 17 soevereine Afrikaanse naties ontstonden, te weten Kameroen, Kongo-Brazzaville, Gabon, Tsjaad, de Centraal-Afrikaanse Republiek, Togo, Ivoorkust, Dahomey, Opper-Volta (Burkina Faso), Niger, Nigeria, Senegal, Mali, Madagaskar, Somalia, Mauritanië en Kongo-Léopoldville. In 1961 volgden Sierra Leone en Tanganjika – dat zich in 1964 met Zanzibar tot Tanzania verenigde – in 1962 Uganda, Burundi en Rwanda, in 1963 Kenia en in 1965/66 Gambia. Rhodesië verklaarde zich in 1965 eenzijdig onafhankelijk. Alleen de blanken hadden daar politieke rechten, wat tot een boycot van de VN voerde. In Zuid-Afrika zorgde de apartheidspolitiek voor internationale protesten en boycotmaatregelen. De Bantoe-oppositie verenigde zich in het African National Congress.
Terwijl in Marokko koning Mohammed V in 1965 met toestemming van de Fransen de onafhankelijkheid kon uitroepen, en ook Tunesië in hetzelfde jaar dankzij Habib Burgiba een soevereine staat werd, verliep de vrijheidsstrijd in Algerije niet zonder bloedvergieten. Terreur en contraterreur bepaalden het dagelijkse leven tussen 1954 en 1962. In 1958 veroorzaakte een militaire coup in Algerije de val van

In de jaren vijftig begonnen de Afrikaanse landen de Europese koloniale heersers te verdrijven. Tot de prominente Afrikaanse politici van het eerste uur behoorden (v.l.n.r.) ***Patrice Lumumba*** *(Belgisch-Kongo),* ***Julius Nyerere*** *(Tanzania),* ***Ahmed Sékou*** *(Guinee) en* ***Kwame Nkruma*** *(Ghana).*

de vierde Franse Republiek. Charles de Gaulle, de nieuwe daadkrachtige leider, probeerde tot een vergelijk te komen, maar het duurde nog tot 1962 voordat de Democratische Volksrepubliek Algerije uitgeroepen kon worden.

De buurstaat Libië stond onder het trustschap van de VN en werd in 1951 tijdens het bewind van koning Idris I es Senussi onafhankelijk. De louche 'Leider van de Revolutie' Gaddafi regeert het land sinds 1969. De vorming van nieuwe staten verliep grotendeels vreedzaam, hoewel het in voormalig Belgisch-Kongo tot barbaarse burgeroorlogen kwam, waarbij buitenlandse geheime diensten en huursoldaten een oneervolle rol speelden. Uiteindelijk pleegde kolonel Mobutu een staatsgreep.

Aan het einde van de jaren zeventig was Afrika vrijwel helemaal onafhankelijk. Na de dictatuur in Portugal werd er een einde gemaakt aan de oorlogen in Mozambique en Angola. Ook Guinee-Bissau en Kaapverdië kregen hun soevereiniteit. Desondanks zou er geen rust komen in de voormalige Portugese koloniën. Met name in Angola en Mozambique bevochten verscheidene bevrijdingsbewegingen elkaar in een bloedige machtsstrijd.

In 1975 eindigde op de Comoren de koloniale heerschappij van Frankrijk. Een jaar later kreeg Djibouti de onafhankelijkheidsstatus. In 1976 trok Spanje zich terug uit de overzeese provincie Westelijke Sahara, waarop zowel Mauritanië als Marokko aanspraak maakten. De troepen van Mauritanië verlieten het land in 1979, maar Marokko zette de oorlog tegen het Frente Polisario – die voor een eigen Saharastaat vocht – voort. In 1992 werd er een vredesverdrag gesloten, waarna een referendum onder supervisie van de VN diende te volgen, wat Marokko verhinderde. Er leven nog steeds 160.000 mensen in Algerijnse vluchtelingenkampen.

In 1980 werd het voormalige Rhodesië – het huidige Zimbabwe – formeel een soevereine staat. Na 1990, na een resolutie tijdens een conferentie, kreeg ook het tot dan toe door Zuid-Afrika bestuurde Namibië de onafhankelijkheidsstatus.

De jonge Afrikaanse staten zagen zich geconfronteerd met een hele reeks grote problemen. De koloniale, naar willekeur getrokken grenzen hielden geen rekening met etnische en culturele gegevenheden en bemoeilijkten de werkelijke oprichting van nationale staten. Een groot aantal landen verving de democratisch-parlementaire grondwetten door discutabele eenpartijstelsels en dictaturen. Zeer barbaarse dictators waren Idi Amin in Uganda en Bokassa in de Centraal-Afrikaanse Republiek. De koude oorlog ontzag ook het zwarte continent niet. Zowel het Westen als het Oosten probeerden hun invloed in Afrika te vergroten, wat tot talrijke 'plaatsvervangende oorlogen' voerde.

Een lichtpunt vormde het einde van de apartheid in Zuid-Afrika en de keuze van Nelson Mandela als president. Hij kreeg bovendien de Nobelprijs voor de vrede. Tot op de dag van vandaag komt het continent echter niet tot rust. Bloedige etnische conflicten, militaire coups en oorlogen zijn in veel landen nog steeds aan de orde van de dag. Bijzonder tragisch waren de slachtpartijen in Burundi en Rwanda, in 1994. Maar ook in het recente verleden waren er conflicten in Sierra Leone, in het voormalige Zaïre (de huidige Democratische Republiek Kongo), in Tsjaad, Guinee-Bissau, Somalia, Zuid-Afrika en Nigeria. Nadat Eritrea zich in 1993 vreedzaam van Ethiopië had afgescheiden, leidden grensconflicten al snel tot een broederoorlog die tot op dag van vandaag voortduurt.

In Algerije veroorzaken islamitische fundamentalisten onrust door terreuraanslagen. Ook in Sudan woedt een niet-aflatende burgeroorlog.

Maar niet alleen de politieke instabiliteit maakt het de Afrikaanse staten moeilijk. Ook in economisch opzicht gaat het met de meeste landen niet best. Immens hoge schulden, een volledig ontoereikende gezondheidszorg, een crisissituatie in het onderwijs, epidemieën, zoals cholera en aids, hongersnood, catastrofes als gevolg van droogte en regelmatig voorkomende overstromingen bieden in de nabije toekomst nauwelijks hoop op een positieve ontwikkeling.

1 **In de Westelijke Sahara vecht het Frente Polisario tegen het Marokkaanse leger voor een eigen staat.**

2 **In de Zuid-Afrikaanse provinciehoofdstad Dundee herinneren 50 ossenkarren aan de Slag bij 'Blood River', in 1838, tussen de Boeren en de Zoeloes.**

3 **ANC-leider Nelson Mandela is zeker van zijn overwinning tijdens een verkiezingsbijeenkomst in Durban in 1994.**

4 **In het begin van de jaren negentig kostte de burgeroorlog in Somalia aan meer dan 50.000 mensen het leven. Nog eens 300.000 stierven de hongerdood.**

Grote foto:
Het behouden van hun cultuur heeft voor de kinderen van de Masai niet alleen positieve aspecten. Zo worden de meisjes al vóór hun geboorte uitgehuwelijkt en vanuit westers oogpunt aan afschuwelijke besnijdenisrituelen onderworpen.

De landen van Afrika

Vanaf de Middellandse Zee in het noorden tot aan Kaap de Goede Hoop, en tussen de Atlantische en de Indische Oceaan, strekt zich het op twee na grootste continent uit. Afrika is vijf keer zo groot als Europa. De Sahara scheidt het werelddeel in twee zeer verschillende gebieden. Terwijl in het noorden de Arabieren en Berbers met een lichte huidskleur leven, vormen de negroïden, de Bosjesmannen, de Hottentotten en de Pygmeeën de bevolking in het zuidelijke deel. Echter ook de flora en fauna zijn duidelijk anders. In het mediterrane noorden bestaat een woestijnlandschap met weinig planten- en diersoorten, maar in zuidelijke richting, in de regenwouden en op de savannen, is de flora en fauna uiteindelijk soortenrijk. Ook na de terugtocht van de Europese koloniale machten hebben de meeste jonge Afrikaanse staten te kampen met natuurrampen, hongersnood, armoede, epidemieën, burgeroorlogen en etnische conflicten.

(In Afrika een dagelijkse bezigheid – traditioneel watertransport.

Marokko

Casablanca is de grootste stad en het economische centrum van Marokko. Al in de Middeleeuwen betrof het een rijke havenstad die verscheidene malen werd verwoest en herbouwd. Nadat de Fransen waren vertrokken, ging het de stad economisch niet voor de wind, maar Casablanca kon de problemen te boven komen. Een uitdrukking van het nieuwe zelfbewustzijn is de in 1993 in gebruik genomen moskee 'Grande Mosquée Hassan II', met een minaret van 200 m hoog.

Marokko

Oppervlakte: 458.730 km²
Hoofdstad: Rabat
Staatsvorm:
Constitutionele monarchie
Administratieve indeling:
16 departementen
Bevolking:
26,9 miljoen (59 inw./km²)
Talen: Arabisch (officiële taal), Frans, Berberdialecten
Bruto Nationaal Product:
€ 1233 per hfd
Munteenheid: 1 dirham = 100 centimes

Landschap

De 475 km lange Middellandse-Zeekust is steil en rotsachtig, maar de 1050 km lange kuststrook aan de Atlantische Oceaan is daarentegen veelal vlak. Achter de brede kustvlakte volgt de Marokkaanse Meseta, een hoogvlakte tot wel 450 meter boven zeeniveau. De **Hoge Atlas** en de **Midden Atlas** flankeren de **Meseta** in het zuiden en oosten.
De hoogste berg in de 700 km lange Hoge Atlas is de Jebel Toubkal (4165 m). De Midden Atlas heeft toppen tot 3220 m hoog, en de Anti Atlas in het zuidwesten hoge plateaus tot wel 2000 m. In het noorden, evenwijdig aan de Middellandse-Zeekust, bevindt zich het tot 2456 m hoge **Rifgebergte**, een plooigebergte. In het oosten voeren de hoogvlakten naar Algerije.
Ten zuiden van de Anti Atlas strekken zich de randgebieden van de Sahara uit.

Klimaat

De hoogste bergkam van de Atlas vormt een klimaatscheiding tussen het mediterrane noordwesten en het continentale zuiden (Sahara) en zuidoosten. In de droge, hete zomers in het noordwesten doen zich temperaturen voor van wel 29°C, in de neerslagrijke winter stijgt het kwik tot gemiddeld 12°C. In dit gedeelte van het land valt jaarlijks tussen de 200 en 900 mm neerslag. Het **continentale klimaat** in het zuiden zorgt voor een temperatuur tussen de 0°C in de winter en tot 45°C in de zomer. De neerslaghoeveelheid bedraagt minder dan 250 mm. Op de hoogvlakten is de neerslaghoeveelheid 1000 mm, boven de 1000 m valt die doorgaans als sneeuw.
In de Sahararandgebieden, waar een **woestijnklimaat** heerst, valt minder dan 200 mm neerslag. In de zomer waait daar de sirocco . In het noordwesten is de vegetatie typisch mediterraans, in het zuidoosten bepalen woestijnsteppen het landschapsbeeld. In de bergen en op de westelijk gelegen vlakten bevinden zich aaneengesloten bosgebieden. In de oasen van de Sahara worden dadelpalmen geteeld.
Vertegenwoordigers van de dierenwereld zijn de woestijnlynxen en -vossen, gazellen, jakhalzen, hyena's, apen en talrijke reptielen en vogels.

Marokko – tapijtwinkels in de soeks van de medina in Marrakech.

Bevolking

Ongeveer de helft van de bevolking is samengesteld uit **Arabieren** en gearabiseerde Berbers. Ongeveer 40% is **Berber**. Verder woont er een **joodse** en **Europese** minderheid. 89% van de bevolking is Malakitisch soenniet. Van de bijna 70.000 christenen is het merendeel katholiek. Bovendien wonen er ongeveer 7000 joden. De gemiddelde levensverwachting is ongeveer 66 jaar, het analfabetisme bedraagt 56%.

Geschiedenis en politiek

Al in de 12de eeuw v. C. stichtten de **Feniciërs** handelsnederzettingen aan de noordwestkust van Afrika. In het binnenland ontwikkelde zich in de 4de eeuw v. C. het Berberkoninkrijk Mauritanië. Na de definitieve nederlaag van **Carthago** – het centrum bevond zich in de buurt van Tunis – interveniëerden de **Romeinen** in die regio. Na de val van het West-Romeinse Rijk vielen de **Vandalen** in de 5de eeuw het gebied binnen, dat later gedeeltelijk en slechts korte tijd door het **Oost-Romeinse Rijk** werd heroverd.
Vanaf de 7de eeuw verstevigden de **Arabieren** hun heerschappij in Marokko en veroverden samen met geallieerde Berbers het door de Westgoten veroverde Iberisch Schiereiland. De islamitische overheersing door de Idrisiden – in de 11de eeuw – maakte plaats voor de heerschappij van de Almoraviden, die op hun beurt 100 jaar later werden opgevolgd door de Almohaden, in de 13de eeuw door de Meriniden en in 1420 uiteindelijk door de Wattasiden. Tijdens de veldtochten in het kader van de *reconquista* werd Spanje in 1492 'heroverd', maar ook de Arabische heersers in Noord-Afrika kwamen in toenemende mate onder invloed van de Europeanen te staan.
Aanvankelijk controleerden de Spanjaarden en Portugezen alle belangrijke havens, tot de tot op de dag van vandaag nog heersende Dynastie van de Alawiten omstreeks 1670 deze steden begon te heroveren. Alleen Melilla, Sidi ifni en Ceuta bleven Spaans. De Fransen probeerden Marokko sinds 1830 binnen hun invloedssfeer te krijgen. Een oorlog in 1844 eindigde met een Marokkaanse nederlaag. Het Duitse Rijk benadrukte in het begin van de 20ste eeuw met een radicale kanonneerbootpolitiek zijn koloniale belangen, maar de Fransen behielden hun macht in het zuiden. Het noorden werd een Spaans protectoraat. De formele heerser was en bleef de sultan van de Alawiten.

Na langdurige gevechten kreeg het land in 1956 de volledige onafhankelijkheid. Alleen de enclaves Ceuta, Melilla en tot 1969 ook Sidi Ifni bleven Spaans. Sultan Muhammad V accepteerde het koningschap. In 1961 volgde zijn zoon Hassan II hem op als constitutionele monarch. Zware onlusten leidden tot een vijf jaar durende uitzonderingstoestand die in 1970 eindigde. In de buitenlandse politiek stuurt Hassan II aan op een pro-Europese koers en wordt in de Arabische wereld als een gematigde bemiddelaar beschouwd.
Toen de Spanjaarden in 1976 hun kolonie Spaans-Sahara voor gezien hielden, probeerden Marokko en Mauritanië hun aanspraken met wapengeweld kracht bij te zetten. De bevrijdingsbeweging **'Frente Polisario'** vecht sindsdien voor een onafhankelijk Westelijke Sahara. Hoewel de door Polisario uitgeroepen Democratische Arabische Republiek Sahara weliswaar inmiddels door 70 staten volkenrechtelijk is erkend, kon Marokko niettemin de door de VN aangemoedigde verkiezingen tot dusver steeds verhinderen. In 1996 werd de grondwet de laatste keer gewijzigd. Marokko is nu een parlementaire democratie met een parlement (twee kamers).

Economie

In 1996 bedroeg het bruto nationaal product 38.817 miljard euro, waarvan 14% afkomstig was van **landbouw**, 33% van de **industrie** en 53% van de **dienstensector**. De belangrijkste economische peilers vormen de fosfaatwinningen, de uitgifte van visserijlicenties en het toerisme. De import bestaat uit industriële halffabrikaten, machines, transportoutillage, voedingsmiddelen en eindproducten. Exportartikelen zijn meststoffen, voedingsmiddelen en eindproducten.

Verkeer

Het **spoorwegnet** heeft een totale lengte van 1907 km. Het wegennet is met 60.513 km het op een na grootste van Afrika. Internationale **luchthavens** bij Rabat, Tanger, Marrakech, Agadir en Casablanca, waar zich ook de belangrijkste **haven** bevindt.

Toerisme

De oude koningssteden en de stranden zijn dé trekpleisters. In 1995 werden ze in totaal door 1,53

__Marrakech__ werd in 1063 als residentiestad van de Almoraviden-dynastie gesticht en was bovendien tot aan het einde van de 13de eeuw de hoofdstad van de Almohaden. Naast Meknès, Fès en Rabat is Marrakech een van de vier Marokkaanse koningssteden. Er bevinden zich belangrijke getuigenissen van de islamitische bouwkunst. Het plein Jemaa-el-Fna vormt het middelpunt van een van de mooiste soeks van Marokko en werd door de UNESCO tot werelderfgoed uitgeroepen.

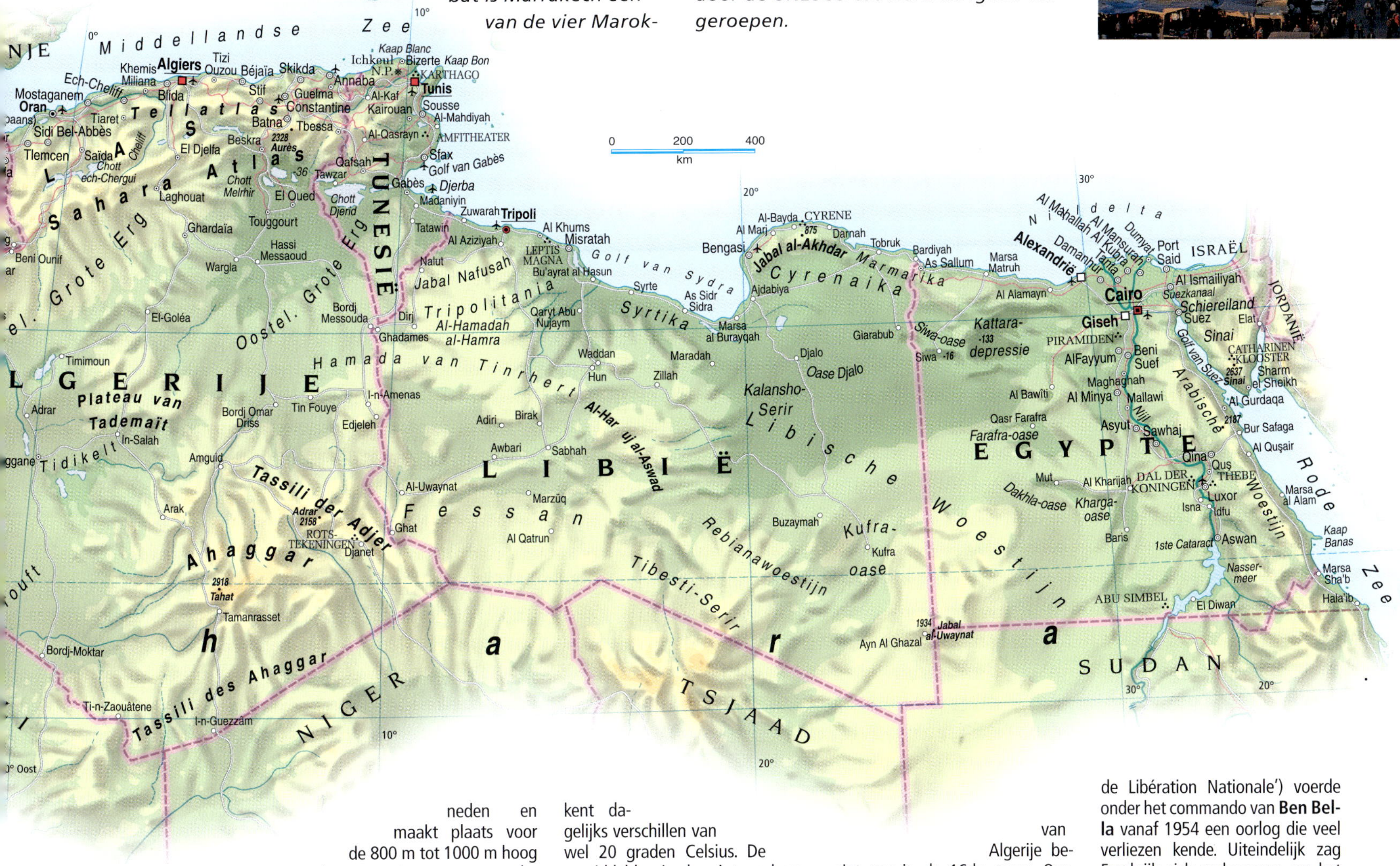

miljoen buitenlandse toeristen bezocht.

Algerije

Oppervlakte: 2.381.741 km²
Hoofdstad: Algiers
Staatsvorm:
Presidentiële republiek
Administratieve indeling:
48 arrondissementen
Bevolking:
28 miljoen (12 inw./km²)
Talen: Arabisch
Bruto Nationaal Product:
€ 1777 per hfd
Munteenheid: 1 Algerijnse dinar = 100 centimes

Landschap

Achter een smalle kuststrook met talrijke baaien, aan de Middellandse Zee, verheft zich steil de **Kleine Atlas** tot wel 2308 m hoog. In het zuiden glooit het gebergte naar beneden en maakt plaats voor de 800 m tot 1000 m hoog gelegen zoutmoerassen zonder afwatering, ofwel de Barbarijse Hoogvlakte. Ten zuiden daarvan vormt de **Sahara Atlas** met bergen tot 2328 m hoog de grens met de **Sahara**, waar Algerije voor 85% uit bestaat; achter een smalle steppegordel gaat het landschap over in een vrijwel vegetatieloze woestijn. Het vulkanische **Ahaggarmassief** in het zuidoosten heeft toppen van 2918 m. In slechts weinig rivieren stroomt het hele jaar door water.

Klimaat

Aan de kust en op de noordflanken van de **Kleine Atlas** heerst een mediterraan klimaat met een temperatuur tussen de 12°C in de winter en 25°C in de zomer. De gemiddelde neerslaghoeveelheid bedraagt hier 500 tot 1000 mm.
Het winterachtig-vochtige **steppeklimaat** op de Barbarijse Hoogvlakte is 's winters goed voor een temperatuur van 0°C en 's zomers 30°C. De neerslaghoeveelheid bedraagt tot 350 mm.
De luchttemperatuur in de Sahara kent dagelijks verschillen van wel 20 graden Celsius. De gemiddelden in de winter schommelen rond de 0°C, 's zomers zijn die meer dan 40°C. In de zomer waait de droge **sirocco**. Bijna 80% van het grondgebied van Algerije is vegetatieloos. In de oasen van de Sahara groeien dadelpalmen, op de steppen het halfagras en alsemgewassen. Aan de noordzijde van de Kleine Atlas groeien zowel kurk- en steeneiken als varens en zeedennen. Tot de karakteristieke wilde dieren behoren gazellen, hyena's, jakhalzen en talrijke vogel-, insecten- en reptielensoorten.

Bevolking

Naast 70% **Arabieren** en ongeveer 30% **Berbers** woont er in Algerije een Franse minderheid. Vrijwel de hele bevolking is islamitisch, een kleine minderheid hangt het christendom aan. De gemiddelde levensverwachting is ongeveer 70 jaar.

Geschiedenis en politiek

De samenhangende geschiedenis van Algerije begint pas in de 16de eeuw. Oorspronkelijk waren de Berberstammen en de Moren de heersers in het gebied tot de **Feniciërs** in de 12de eeuw v. C. de eerste handelsnederzettingen stichtten. Na de val van **Carthago** in 149 v. C. veroverden de **Romeinen** in 46 v. C. ook het koninkrijk Numidia. Mauritanië en Numidia vormden tot de inval van de Vandalen in 429 een Romeinse provincie. In 534 veroverde keizer Justinianus het gebied voor **Byzantium**.
Vanaf het midden van de 7de eeuw stichtten Berbers en Arabieren verscheidene rijken tot in 1600 de door de Turkse Janitsaren in Algiers gekozen Dei's de macht overnamen. Spaanse, Nederlandse, Britse en Franse interventies konden worden afgeweerd, maar in 1830 bezetten de **Fransen** Algiers toch nog en breidden hun invloedssfeer steeds verder naar het zuiden uit. Ondanks het feit dat in 1947 alle Algerijnen het Franse staatsburgerschap werd toegekend, ontstond er al snel een **verzetsbeweging**. De bevrijdingsbeweging FLN ('Front de Libération Nationale') voerde onder het commando van **Ben Bella** vanaf 1954 een oorlog die veel verliezen kende. Uiteindelijk zag Frankrijk zich gedwongen om het land in 1962 de **onafhankelijkheidsstatus** toe te kennen.
Ben Bella werd de eerste minister-president van Algerije en in 1963 de eerste staatspresident. Uiteindelijk werd hij in 1965 door kolonel Houari Boumedienne tijdens een staatsgreep ten val gebracht. Aansluitend kwam er een door militairen gedomineerde revolutionaire raad. Diverse inspanningen om tot een democratie te komen mislukten.
Sinds het begin van de jaren negentig wordt het conflict tussen de regering en de **verzetsbeweging** voor een **islamitische heilstaat** steeds venijniger. Een onovertroffen terreur tegen de bevolking leidde tot meer dan 80.000 doden, waarbij vaak onduidelijk bleef wie voor de afschuwelijke slachtpartijen verantwoordelijk was – de bewapende islamieten of de militairen. Hoewel de grondwet uit 1996 voorziet in een vrij gekozen parlement met twee kamers, en er in 1997 een nieuwe volksvertegenwoordiging werd gekozen, is het einde van het geweld nog niet in zicht. Een wet

Algerije, Tunesië

*De **Sahara** omvat meer dan 90% van het Algerijnse grondgebied. De Toearegs controleerden vroeger de karavaanroutes en namen deel aan de -handel. Tegenwoordig kunnen ze hun traditionele nomadeneconomie nauwelijks instandhouden.*

uit 1998, die het hoog-Arabisch tot de enige officiële taal maakte, zorgde voor nieuwe conflictstof tussen de Berbers en de Arabieren.

Economie

In 1996 bedroeg het bruto nationaal product 48,554 miljard euro, waarvan 13% afkomstig was van de **landbouw**, 49% van de **industrie** en 38% van de **dienstensector**. De belangrijkste exportproducten zijn aardolie en -gas. Geïmporteerd worden voedingsmiddelen, machines, transportmiddelen en industriële halffabrikaten.

Verkeer

Het **spoorwegnet** heeft een totale lengte van 4772 km, het wegennet is 102.424 km lang, waarvan 70.650 km is geasfalteerd. Internationale **luchthavens** bij Algiers en Oran. Aldaar bevinden zich ook de belangrijkste **zeehavens**.

Toerisme

Door de terreur van de islamitische fundamentalisten zijn de bezoekersaantallen drastisch gedaald. Wie een strandvakantie wil, kan het beste tussen april en september gaan. Voor uitstapjes in de Sahara zijn de herfst en het voorjaar ideaal.

Tunesië

Oppervlakte: 163.610 km²
Hoofdstad: Tunis
Staatsvorm:
Presidentiële republiek
Administratieve indeling:
23 provincies
Bevolking:
9 miljoen (55 inw./km²)
Talen: Arabisch (officiële taal), Frans
Bruto Nationaal Product:
€ 2022 per hfd
Munteenheid: 1 Tunesische dinar = 100 centimes

Landschap

In het noorden strekken zich de glooiende steppen uit. Het betreft tevens de uitlopers van de **Kleine Atlas**. Tot aan de kustvlakten rond Sfax wordt het gebied gekenmerkt door de tot 1590 m hoge uitlopers van de Sahara Atlas. In het zuiden volgen de zoutmoerassen en uiteindelijk de duinwoestijn van de **Oostelijke Grote Erg**, met daarvóór in het oosten de zoutsteppe **Dschefara** en de **Monts de Ksour**. In het noorden zijn de steile kusten te vinden, in het zuiden de zanderige, vlakke kust met talrijke lagunes en het eiland **Djerba** in de Kleine Syrte (Golf van Gabès).

Klimaat

Het noorden heeft een mediterraan klimaat met warme zomers en milde winters. De neerslaghoeveelheid aan de noordkust schommelt tussen de 500 en 1000 mm, in de bergen ongeveer 1500 mm. De gemiddelde temperatuur bedraagt in januari 10°C en in augustus 26°C.
Het **woestijnklimaat** in de Atlas laat het kwik stijgen tot wel 45°C. De neerslaghoeveelheid bereikt maximaal 200 mm per jaar.
In de mediterrane gebieden en in de Atlas bevinden zich loof- en kreupelbossen, in het zuiden is dat de steppevegetatie, uiteindelijk gevolgd door de vegetatieloze woestijn. In de woestijn leven sprinkhanen, slangen, roofvogels en schorpioenen. In de gematigde gebieden zijn dat wilde zwijnen en klein wild.

Bevolking

De bevolking is voor 98% samengesteld uit **Arabieren** en gearabiseerde Berbers. Daarnaast woont er 1,3% **Berbers**. Verder een Europese – veelal Franse – minderheid. De islam is de staatsreligie. 98% behoort tot de soennitische geloofsrichting. Bovendien zijn er joodse, katholieke en protestantse minderheden. De gemiddelde levensverwachting is ongeveer 70 jaar, het analfabetisme bedraagt 33%.

Geschiedenis en politiek

In de door Berbers bevolkte gebieden stichtten de **Feniciërs** omstreeks 1100 v. C. de eerste handelsnederzettingen. Het rijk **Carthago** omvatte het westelijke Middellandse-Zeegebied. Tijdens de Derde Punische Oorlog – in 149 v. C. – kregen de **Romeinen** ook vat op Noord-Afrika. De **Vandalen** verdreven hen pas in 439 en konden hier meer dan 100 jaar standhouden.
Ze werden opgevolgd door de **Arabieren**, waarna korte tijd de Habsburgers en vanaf 1574 honderden jaren lang de Turken het voor het zeggen hadden. Zij lijfden Tunesië in het **Osmaanse Rijk** in.
In 1881 maakte Frankrijk er hun protectoraat van. In 1956 werd Tunesië als staat volledig **onafhankelijk** en in 1957, na een monarchistisch intermezzo, een republiek. De staatspresident **Habib Burgiba** was tot 1987 aan de macht. Zijn opvolger, **Ben Ali**, volgde een gematigde, liberale koers.
De laatste wijziging (1994) in de grondwet uit 1959 voorziet in een gekozen parlement (elke vijf jaar). Ook de staatspresident komt via een rechtstreekse verkiezing aan het bewind.

Economie

In 1996 bedroeg het bruto nationaal product 197,255 miljard euro, waarvan 16% afkomstig was van de **landbouw**, 28% van de **indu-**

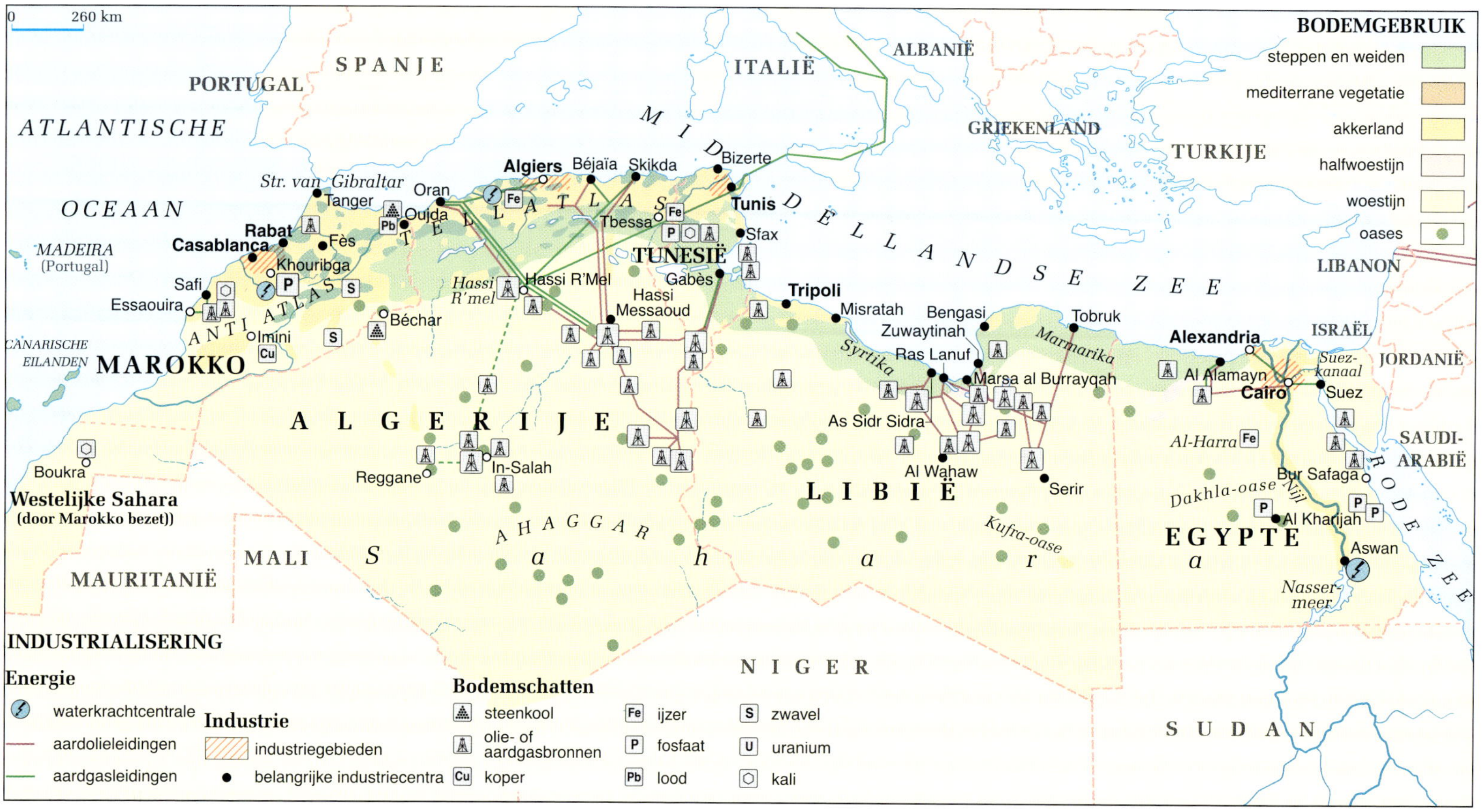

Tunis werd al in de 6de eeuw v.C. door de Feniciërs gesticht, maar nam pas tijdens het bewind van de dynastie van de Hafsiden en de Spaanse moslimmigranten in de 13de tot de 17de eeuw in betekenis toe. In de medina bevinden zich talrijke voorbeelden van de schitterende islamitische architectuur. De Olijfboommoskee, ofwel de grote moskee Djamâ ez-Zituna, werd in 732 in gebruik genomen, in de 13de tot de 15de eeuw groter gemaakt en is een belangrijk religieus centrum. De minaret werd in 1894 vernieuwd.

strie en 56% van de **dienstensector**. De export bestaat vooral uit textiel, leer, fosfaten, industriële producten, brandstof en agrarische producten. Importgoederen zijn onder meer grondstoffen, halffabrikaten, machines, transportmiddelen en eindproducten.

Verkeer

Naast het 2260 km lange **spoorwegnet** zijn er enkele smalspoorbanen voor het fosfaattransport. Van de in totaal 20.830 km aan wegen is 15.832 km geasfalteerd. Internationale **luchthavens** bij Tunis, Sfax, Monastir, Tozeur, Djerba en Tabarka. De belangrijkste **zeehavens** bevinden zich bij Tunis-La Goulette, Radès en Biserta.

Toerisme

In 1996 arriveerden er 3,885 miljoen buitenlandse toeristen. Ze besteedden in het land in totaal voor 1,595 miljard euro. De goede infrastructuur en de uiteenlopende toeristische mogelijkheden maken Tunesië in elk seizoen aantrekkelijk.

Libië

Oppervlakte: 1.759.540 km²
Hoofdstad: Tripoli
Staatsvorm: Islamitische volksrepubliek
Administratieve indeling: 3 provincies, 10 gouvernementen
Bevolking: 5,4 miljoen (3 inw./km²)
Talen: Arabisch (officiële taal), Berberdialecten
Bruto Nationaal Product: € 6666 per hfd
Munteenheid: 1 Libische dinar = 100 dirham

Landschap

Het in het noordwesten gelegen **Tripolitanië** bestaat uit de kustvlakte Al Jifafarah en de tot 800 m hoge cuesta Al Hamadan al Hamra. In het Syrtebekken, waarachter het tot 1200 m hoge vulkaangebergte **Al Haruj al Aswad** ligt, bevinden zich de kolossale aardoliereserves. De **Fessan** bestaat uit zand-, kiezel- en steenwoestijn. De **Cyrenaika** in het noordoosten wordt gekenmerkt door het steil naar beneden glooiende karstgebergte **Al Jabal al Akhdar**, dat in het oosten overgaat in de **Marmarika** (steppe) en in het zuiden in de Libische Woestijn. Daar ligt ook de hoogste berg (2286 m) van Libië. Hij hoort bij de noordelijke uitlopers van het **Tibestigebergte**, bij de grens met Tsjaad.

Klimaat

Ongeveer 85% van het grondgebied bestaat uit **woestijn**, waar geen noemenswaardige neerslag valt. Wel zijn er extreme temperatuurschommelingen, variërend van ongeveer 0°C in de winter tot meer dan 50°C in de zomer. Aan de Middellandse-Zeekust is de gemiddelde temperatuur in januari 12°C en in augustus 26°C. De gemiddelde neerslaghoeveelheid bedraagt 300 mm.
Aan de kust is de typische Middellandse-Zeeflora te vinden. Landinwaarts gaat het landschap over in steppe en uiteindelijk in vegetatieloze woestijn. Tot de meest voorkomende diersoorten behoren hyena's, jakhalzen, woestijnvossen, woestijnspringmuizen, roofvogels, slangen, schorpioenen, wilde ezels en hazen.

Bevolking

97% van de bevolking is samengesteld uit **Arabieren** of gearabiseerde **Berbers**. Daarnaast woont er een minderheid van Toearegs, Nilo-Saharaanse bewoners, Egyptenaren en zwarte Afrikanen. De islam is de staatsreligie, 97% hangt deze godsdienst aan. Katholieken, kopten en andere geloofsrichtingen vormen kleine minderheden. De gemiddelde levensverwachting is ongeveer 68 jaar.

Geschiedenis en politiek

In de voorchristelijke tijd stichtten de **Grieken**, de **Feniciërs** en de inwoners van **Carthago** nederzettingen langs de Libische kust. Uiteindelijk namen de **Romeinen** in de 1ste eeuw v. C. het gebied in bezit. Na de opdeling van het rijk bleef Tripolitanië bij het West-Romeinse

1

2

3

4

1 Adrar is de hoofdplaats van de Touat-oasen in Algerije en een belangrijk plaatselijk handelscentrum.

2 Ghardaia, de hoofdplaats van het Algerijnse oasengebied Mzab, vormt met vier andere steden een pentapool. Kenmerkend zijn de huizen met dakterrassen.

3 Taghit is een karakteristieke oasenederzetting aan de rand van de Westelijke Grote Erg in Algerije.

4 Tunesië – de moskee Sidi Okba, ofwel of Grote Moskee in Kairouan, werd in de 9de eeuw gebouwd en kenmerkt zich door de marmeren en porfieren zuilen.

Erg is Arabisch voor een uitgestrekte zand- en duinwoestijn waar Libië voor een groot deel uit bestaat. Hamada is een ander woord voor rotsachtige woestijn. Serir betekent met kiezels bedekte hoogvlakte, en fesch-fesch wil zeggen mergelstofwoestijn.

Rijk en Cyrenaika bij het Byzantijnse Rijk.
De **heerschappij van de Vandalen** duurde ongeveer 100 jaar, waarna **Byzantium** het land in de 6de eeuw kon heroveren.
In 644 controleerden de **Arabieren** het gebied. Ze islamiseerden de Berbers. In de 16de eeuw werd het Libische deel aan het **Osmaanse Rijk** toegevoegd. De Italianen veroverden Libië tijdens de Italiaans-Turkse Oorlog van 1911 tot 1912. In 1934 werd het land uitgeroepen tot Italiaanse **kolonie**. De tot dan toe heersende Senussi bleven echter een sterk **verzetsfront** vormen tegen de koloniale heersers. In de Tweede Wereldoorlog voerden de Italianen en Duitsers heftige gevechten tegen de geallieerde troepen.
Na 1945 was Libië bezet door de Engelsen en Fransen. In 1951 verklaarde de VN Libië tot een onafhankelijk verenigd koninkrijk. Koning Mohammed Idris el-Senussi moest tijdens een militaire coup onder leiding van **Muammar al Gaddafi** het onderspit delven. Ook al bekleedt Gaddafi geen officiële functie meer, hij bepaalt nog altijd de Libische politiek.
Diverse geraamde plannen om tot een 'unie' met de islamitische broederstaten te komen mislukten en de nationalisering van de aardolie-industrie en de banken was er de oorzaak van dat de Libische leider in conflict kwam met de westerse wereld, die al evenmin te spreken was over de directe militaire betrokkenheid van Libië in Tsjaad en de geboden steun aan islamitische **terreurgroepen** in het buitenland. Het grootste conflict, in het bijzonder met de VS, heeft alles te maken met de vermeende productie van chemische wapens. Volgens de grondwet uit 1977 is het algemene volkscongres het hoogste staatsorgaan.
De regering is samengesteld uit een secretaris-generaal en zeven medewerkers. Partijen zijn niet toegestaan. Stemplicht vanaf 18 jaar.

Economie

Het bruto nationaal product bedroeg in 1995 in totaal 27,7 miljard euro, waarvan 7% afkomstig was van de **landbouw**, 44% van de **industrie** en 49% van de **dienstensector**. De belangrijkste economische peilers vormen de aardolie- en aardgaswinning. Ze maken samen 90% van de export uit. De invoer bestaat hoofdzakelijk uit industriële eindproducten, machines, transportoutillage, chemische producten, voedings- en genotmiddelen, en vee.

Verkeer

Van het **wegennet** – in totaal 19.189 km lang – is meer dan de helft geasfalteerd. Belangrijke **zeehavens** bij Tripoli, Bengasi en Misrata. Internationale **luchthavens** bij Tripoli en Bengasi.

Toerisme

Vanwege de politieke situatie is het toerisme in Libië relatief onderontwikkeld. De ongeveer 88.000 bezoekers geven jaarlijks ongeveer 6,6 miljoen euro uit.

Egypte

Oppervlakte: 1 miljoen km²
Hoofdstad: Cairo
Staatsvorm:
Presidentiële republiek
Administratieve indeling:
26 provincies
Bevolking:
64,2 miljoen (64 inw./km²)
Talen: Arabisch
Bruto Nationaal Product:
€ 877 per hfd
Munteenheid: 1 Egyptisch pond = 100 piaster

Landschap

De **Nijl** vormt de levensader van het land. In Opper-Egypte heeft de rivier zich in de kalksteenbodem van de rivier geschraapt. Tussen de Nasserstuwdam en het begin van de delta, iets ten noorden van Cairo, vormt de Nijl een ongeveer 25 km brede, vruchtbare strook. Noordelijk van Cairo strekt zich een enorm deltalandschap van ongeveer 23.000 km² uit, compleet met talloze mondingsarmen, kanalen en irrigatiesystemen.
Ten westen van de Nijl ligt de **Libische Woestijn**. Alleen enkele oasen vormen een afwisseling in het eentonige zand- en duinlandschap. De **Arabische Woestijn** bevindt zich oostelijk van de Nijl en wordt gekenmerkt door een 2000 m hoog gebergte met talrijke wadi's. Op het schiereiland **Sinaï** ligt de met 2637 m hoogste berg van Egypte. Voor de kust van de **Rode Zee** bevinden zich koraalriffen. En de bergen komen tot bijna aan de zee. Een vlak duinlandschap kenmerkt de Middellandse-Zeekust.

Klimaat

Alleen het gebied ten noorden van Cairo kent mediterrane invloeden; hier valt 100 tot 200 mm neerslag. In het zuiden regent het nauwelijks en de temperatuurschommelingen zijn aanzienlijk. In het noorden bedraagt de gemiddelde temperatuur in de winter 20°C en in de zomer 35°C, in Aswan stijgt het kwik tot respectievelijk 24°C en 41°C. In het voorjaar waait de **chamsin**, een droge, hete woestijnwind.
Het grootste deel van het land is vrijwel vegetatieloos, afgezien van enkele harde grassoorten, acacia's en doornstruiken. Aan de oevers van de Nijl groeien zowel verschillende riet- en bamboesoorten als waterlelies. Er komen weinig diersoorten voor. Naast de typische woestijnbewoners, zoals woestijnspringmuizen, schorpioenen, jakhalzen en hyena's, zijn er in de Nijl bijna 200 vissoorten te vinden. Er komen nog slechts sporadisch krokodillen voor. De vogelwereld is daarentegen relatief gevarieerd.

Bevolking

De Egyptenaren vormen in etnisch opzicht een relatief homogeen volk, ontstaan uit de **oude Egyptenaren** en **Arabieren**. Daarnaast wonen er minderheden, zoals Sudanezen, Syriërs, bedoeïen, Nubiërs, Palestijnen, Berbers, Beja en Europeanen. 90% van de bevolking is overwegend soennitisch islamiet. Verder zijn er kopten, Grieks-orthodoxen, katholieken, protestanten en joden. De gemiddelde levensverwachting is ongeveer 65 jaar.

Geschiedenis en politiek

Omstreeks 2900 v. C. verenigde de legendarische **koning Menes** de rijken Opper-Egypte en Beneden-Egypte. Al gedurende het bewind van de eerste van in totaal 30 dynastieën ontwikkelden zich het hiëroglyfenschrift, de Egyptische kalender, een duidelijke dodencultus en een polytheïstische religie. In het **Oude Rijk** – tijdens het bewind van de farao's van de 4de Dynastie – werd het eerste culturele hoogtepunt bereikt. De piramiden van Snofru, Cheops, Chefren en Mykerinos getuigen daar tot op de dag van vandaag van.
Na de val van het Oude Rijk volgde tussen 2134 en 1991 v. C. een periode van instabiliteit, waarna de vorsten van Thebe het Egypte uit het **Middenrijk** aan een nieuwe bloeitijd hielpen. Na de van 1650 tot 1544 v. C. durende buitenlandse heerschappij van de Hyksos ontstond in het **Nieuwe Rijk** tijdens het bewind van Amenophis Thutmosis een nieuwe wereldmacht. In dat rijk schitterenden in het bijzonder de farao's Sethos I en Ramses II. De meeste Egyptische bouwwerken stammen uit die periode.
Tijdens het bewind van de 21ste Dynastie zette de neergang in. Het rijk stortte in en werd door Ethiopiërs, Assyriërs en in 525 v. C. door de Perzen veroverd, die de 28ste tot en met de 30ste Dynastie vorm-

Gaddafi, Muammar al

* Sirte, sept. 1942

In 1969 bracht de oprichter van de 'vrije officieren' de Libische koning Idris ten val en bepaalde sindsdien op verschillende manieren de politiek van het land. In het 'Groene Boek' legde hij de kerngedachten neer voor de oprichting van een islamitisch-socialistische republiek. Als gevolg van de nationalisering van de aardolie-industrie en de steun voor islamitische terreurorganisaties raakte Libië internationaal in een isolement.

el-Nasser, Gamal Abdel

* Beni Mor, 15.1.1918
† Cairo 28.9.1970

Aan de zijde van generaal Nagib was el-Nasser een leidende figuur bij de val van koning Faruk. In 1954 nam hij de functie van staatspresident over en zocht hij contact met het Oostblok, hoewel de communisten in eigen land werden vervolgd. Tijdens zijn ambtsperiode begon de bouw van de Aswandam, de nationalisering van het Suezkanaal en verloor Egypte de Zesdaagse Oorlog.

as-Sadat, Muhammad Anwar

* Abu al-Kaum 25.12.1918
† Cairo 6.10.1981

Als mede-oprichter van de 'Vereniging van Vrije Officieren' speelde Sadat een beslissende rol bij de val van koning Faruk. Hij volgde Nasser op en leidde Egypte in 1973 tijdens de Jom-Kippoeroorlog. In Camp David sloot hij vrede met Israël, kreeg de Sinaï weer in zijn bezit en opende opnieuw het Suezkanaal, maar als gevolg daarvan isoleerde hij Egypte in de Arabische wereld.

Mulid – een van de belangrijkste islamitische feestdagen, waarbij de gelovigen de geboorte van de profeet Mohammed herdenken. De mensen steken thuis lichten aan, zingen liederen en ontmoeten elkaar in de moskee. De feestelijkheden staan niet in het teken van een bepaalde liturgie; er wordt gebeden zoals op andere tijden. Maar overal in de islamitische wereld – zoals hier in de Hoesseinmoskee in de oude binnenstad van Cairo – worden de godshuizen bijzonder goed bezocht.

den. Met Alexander de Grote begon in 332 v. C. de heerschappij van de hellenistische **Ptolemaeën**. Zij hielden stand tot de Slag bij Actium in 30 v. C. Cleopatra VII en Marcus Antonius verloren toen van Octavianus. Tot aan de opdeling van het rijk, in 395, was Egypte een **Romeinse provincie**, waarna het land deel ging uitmaken van **Byzantium**.
Na een kortdurende bezetting door de nieuwe Perzen arabiseerden de islamitische Arabieren het land in 640 en maakten van Egypte een deel van het **kaliefenrijk**. Nadat de Mammelukken in 1250 de heerschappij naar zich hadden toegetrokken, werd Egypte in 1517 een deel van het **Osmaanse Rijk**. Na de mislukte Egyptische veldtochten van Napoleon, van 1798 tot 1801, kon de Turkse stadhouder Mehemmed Ali de situatie stabiliseren. Niettemin kwam Egypte sinds het midden van de 19de eeuw steeds meer onder Britse invloed te staan, vooral vanwege de aanleg van het **Suezkanaal**.
Van 1914 tot 1922 was Egypte officieel een **Brits protectoraat**. Tijdens het bewind van Fuad I kwam er vervolgens een parlementaire democratie. Onder druk van koning Faruk verlieten de Britten in 1936 het land, maar het gebied rond het kanaal bleven ze niettemin controleren.
De eerste oorlog tegen **Israël** eindigde in 1948 met een wapenstilstand. Na een militaire coup werd **Gamal Abd el-Nasser** president van de Egyptische Republiek. Hij volgde een Arabisch-socialistische koers, in de buitenlandse politiek georiënteerd op de Sovjet-Unie. Zijn pan-Arabisme mislukte in 1961 als gevolg van de opheffing van de '**Verenigde Arabische Republiek**', waar Egypte, Syrië en Jemen deel van uitmaakten. In 1967 bezette Israël de Sinaï tijdens de **Zesdaagse Oorlog** en kon dat land ook na de Jom-Kippoeroorlog, in 1973, in bezit houden. **Mohammed Anwar as-Sadat**, de opvolger van Nasser, voerde een compromissenpolitiek met Israël. De vrede van 1979 leidde ertoe dat Egypte geïsoleerd raakte in de Arabische wereld. De moord op Sadat, in 1981, was daar het gevolg van. Tijdens het bewind van **Mohammed Hosni Mubarak** werd de Sinaï in 1982 teruggegeven. Vanaf 1990 was Cairo opnieuw de zetel van de Arabische Liga. In Egypte zelf veroorzaken islamitische fundamentalisten met hun aanslagen – ook op toeristen – telkens onrust.
De grondwet uit 1971 wordt sinds 1981 als gevolg van noodtoestandwetten beknot. De 444 leden van het parlement worden elke vijf jaar gekozen, waarbij de staatspresident er tien benoemt. De adviserende raad is samengesteld uit 210 leden, van wie de staatspresident er 57 benoemt. Op voorstel van het parlement wordt de staatspresident elke zes jaar rechtstreeks gekozen. De stemplicht geldt vanaf 18 jaar.

Economie

In 1996 bedroeg het bruto nationaal product 71,416 miljard euro, waarvan 20% op de **landbouw**, 21% op de **industrie** en 59% op de **dienstensector** was terug te voeren. De export bestaat voor de helft uit aardolie en -producten. Daarnaast worden garen, textiel, metaalproducten en agrarische goederen uitgevoerd.
De belangrijkste importgoederen zijn machines, voedingsmiddelen, ijzer, staal en motorvoertuigen. Naast het Suezkanaal zorgt ook het toerisme voor de meeste deviezen.

Verkeer

Het oudste **spoorwegnet** van Afrika is 4751 km lang. Ongeveer 30% van het 50.000 km lange **wegennet** is geasfalteerd. De belangrijkste **zeehavens** bevinden zich bij Alexandrië, Port Said en Suez. Internationale **luchthavens** bij Cairo, Luxor en Alexandrië. Het **Suezkanaal** verbindt de Middellandse Zee met de Rode Zee.

Toerisme

In 1997 gaven 4 miljoen buitenlandse toeristen ongeveer 4,2 miljard euro uit. De beste reistijd voor Opper-Egypte is van oktober tot april.

1 Egypte – de kameel is nog altijd een belangrijk transportmiddel. Kameelmarkt in de soek al-Gimaal in Cairo.

2 In Cairo staan meer dan 500 moskeeën, waarvan sommige in de 9de eeuw zijn gebouwd. De Sultan-Hassanmoskee geldt als een van de mooiste van de stad.

3 De oude binnenstad van Cairo, met de steegjes, moskeeën en bazaars, werd door de UNESCO als werelderfgoed uitgeroepen.

4 De Tempel van Isis en het Paviljoen van Nactabenes werden na de bouw van de Aswantempel naar het eiland Agilkia verplaatst.

1

2

3

4

De vele gezichten van Afrika

Afrika is een continent van tegenstellingen. Er wonen meer dan 3000 etnische volkeren die ongeveer 1500 verschillende talen spreken. Ze waarborgen een kleurrijke, culturele diversiteit in een werelddeel dat een weg zoekt tussen traditie en modern consumptiedrang.

De Sahara is een natuurlijke barrière en vormt een scheiding tussen de volkeren van Noord-Afrika en die in het zuiden. Lange tijd was de woestijn nauwelijks overwinbaar, waardoor er pas laat van een vermenging sprake kon zijn.
Het grootste deel van de bewoners van Noord-Afrika is samengesteld uit Arabieren met een lichte huidskleur. Hun voorvaderen kwamen in de 7de eeuw en arabiseerden het grootste gedeelte van de aldaar gevestigde Berbers. De Berbers zijn onder te verdelen in Rif Guanchen, Kabylen, Toearegs, Shluh, Mzab en Jerba. Ze vormen grote families en houden traditioneel schapen en runderen, maar verbouwen ook in toenemende mate gewassen. De aldaar gesproken talen horen bij de Afro-Aziatische taalfamilie
Ten zuiden van de Sahara zijn de zwarte Afrikanen in de meerderheid. Zij maken ongeveer 70% van de totale bevolking uit. Naast een minderheid van Europese en Aziatische migranten, behoren ook de Pygmeeën in het Kongobekken, de San in de woestijnen van Botswana en Namibië, en de Khoikhoin niet tot de negroïde volkeren. Hun taal maakt deel uit van de Koishan-taalfamilie.
De Nilo-Saharaanse talen hebben zich van West-Afrika tot Ethiopië en van de Nijldelta tot in delen van Kenia en Uganda verbreid. De Niger-Kordofaanse taalfamilie is vrijwel over het hele continent ten zuiden van de Sahara een feit en wordt ook vaak onder de noemer Bantoetalen gebracht. Het woord 'bantoe' heeft geen etnische betekenis, maar is een andere naam voor 'de mensen'.
Zo verschillend als de talen zijn, zo anders zijn ook de diverse levenswijzen. Een vijfde deel van de Afrikanen woont in steden met meer dan 20.000 inwoners. De meesten leven op het platteland.
Het christendom en de islam zijn het meest verbreid. Slechts ongeveer 15% hangt het animisme aan, waarin de geesten en voorvaderen een grote rol spelen. Op grote schaal heeft er echter een vermenging van rituelen plaatsgevonden, waardoor er zich specifieke Afrikaanse takken van de islam en het christendom konden ontwikkelen, die regionaal weer aanmerkelijk van elkaar verschillen.
De kunst in zwart Afrika beperkt zich niet alleen tot de sculpturen, het pottenbakken, het weven en de architectuur. Veeleer wordt het menselijk lichaam op zich vaak als kunstwerk beschouwd. Ingewikkelde kapsels, lichaamsbeschilderingen, sierlittekens, piercings, maskers, bonte kleding en weelderig gedecoreerde hoofddeksels zijn in al hun diversiteit voorhanden. Net zo rijk is de Afrikaanse cultuur als het gaat om de muziekrichtingen, die via de jazz en de wereldmuziek ook een ingang in de westerse wereld hebben gevonden.

1 De Toearegs worden door de gezichtssluiers van de mannen ook wel 'de gesluierden' genoemd, of door de indigo geverfde gewaden 'blauwe ridders van de woestijn'.

2 De oorsprong van het koptische christendom is te vinden in Ethiopië. Al in de 4de eeuw kon deze geloofsrichting ook in Eritrea vaste voet aan de grond krijgen.

3 Al sinds de onafhankelijkheid in 1956 broeit het conflict tussen het islamitische noorden en het animistische, christelijke zuiden in de republiek Sudan.

4 De Zoeloes in de republiek Zuid-Afrika wonen traditioneel in koepelvormige hutten die als geheel in een kring of in een kraal staan opgesteld.

5 Een vierde deel van de 3,5 miljoen inwoners van Eritrea is samengesteld uit nomaden en halfnomaden. Ze houden zich voornamelijk op in het zuidoosten van het land, in de halfwoestijnachtige Afarvallei.

6 In 1992 was meer dan een vierde deel van de Liberiaanse bevolking het land uit gevlucht. Intussen kon een deel weer terugkeren naar het vaderland.

7 In Mali wonen Bambara, Fulbe, Toearegs, Soninké, Dogon, Senufo, Songhai en Malinké. Veel van deze etnische bevolkingsgroepen voelen zich gebonden aan de tradities, maar een gettoblaster hoort intussen bij het dagelijkse leven.

8 De Ndebele behoren tot de Ngi-volken en leven in Zimbabwe en Zuid-Afrika. De vrouwen dragen traditionele, kleurrijke gewaden en pronkerige sieraden.

5

6

7

8

MEINER

›even in
frika

*verschillende Afrikaanse
turen zijn sterk op de fa-
ie en de etnische groep
'icht. Traditionele waar-
ı hebben tegenover de
loeden van de geïndu-
aliseerde landen veelvul-
stand kunnen houden.*

**te foto links: De bloeiende han-
heeft de oase Ferfoud in Marok-
bsoluut geen windeieren gelegd.**

**ne foto's, van linksboven naar
tsonder:
olkloristische muziek en de
eke, behendige waterverkopers
aghreb zijn tegenwoordig voor-
eristische attracties. In Ethiopië
ft zich een eigen christelijke cul-
ontwikkeld. De problematische
nswijze in de Sahara heeft er-
gezorgd dat veel Toearegs zich
iddels permanent hebben ge-
tigd. Ook de traditionele econo-
is aan verandering onderhevig
eest, waardoor veel mensen
gedwongen zien te gaan wer-
in vaak verafgelegen oorden,
rdoor in grote delen van Afrika
en ontwikkelingshulpprojecten
oedselvoorziening kunnen ga-
deren. Vrouwen vervulden altijd
en grote rol in het economische
eem. Tegenwoordig zijn ze in
nemende mate zelfbewust.
ral in zwart Afrika organiseren
ich in vrouwencoöperaties. On-
ks de grote rijkdom aan natuur-
hulpbronnen leven veel men-
ten zuiden van de Sahara in ca-
rofale omstandigheden. Armoe-
hongersnood, slechte gezond-
dszorg en gebrek aan onderwijs
ook lang na het terugtreden van
koloniale heersers nijpende pro-
men. De oorzaak is niet in de
ste plaats het gevolg van talloze
vapende conflicten en burger-
logen die economische en poli-
e stabiliteit in de kiem smoren.
ikaanse tradities en de westerse
nswijze vormen veelvuldig ab-
ut geen tegenpolen. Cola en su-
markten horen tegenwoordig in
l Afrika net zo goed bij het dage-
se leven als bonte kleding, my-
n, dansen en de traditionele,
rvaderlijke zeden en gewoon-
. Zo neemt de medicijnman in so-
al opzicht nog steeds een hoge
ats in, ondanks het feit dat de in-
nationale hulporganisaties met
medische faciliteiten graag wil-
dat ze daar aanspraak op kun-
maken. In Benin omgeven de
ingen zich nog steeds met een
midabele hofhouding en een
ot aantal echtgenotes, hoewel
land officieel een presidentiële
ubliek is.**

**te foto rechts:
Ndebele vormen een klein volk
Zuid-Afrika. De vrouwen zijn er
eutig met sieraden.**

Mauritanië

Mauritanië

Oppervlakte: 1.030.700 km²
Hoofdstad: Nouakchott
Staatsvorm: Islamitische presidentiële republiek
Administratieve indeling: 13 departementen
Bevolking: 2,28 miljoen (3 inw./km²)
Talen: Arabisch (officiële taal), Niger- en Kongotalen
Bruto Nationaal Product: € 511 per hfd
Munteenheid: 1 ouguiya = 100 khoums

Landschap

Het grondgebied bestaat voor 47% uit **woestijn**. Voor de rechte, steile kust liggen talrijke zandbanken. De westelijke uitlopers van de **Sahara** vormen landinwaarts een laagland met rotsachtige zandduinen.
In het 300 tot 500 m hoge centrale gedeelte van het land bevinden zich zowel diverse zandsteenplateaus als de hoogste berg **Kédia d'Idjil** (915 m). In het oosten gaat de vlakke steenwoestijn over in het zandwoestijnbekken **El Djouf**. Landbouw is alleen in het zuiden, op 1% van het landoppervlak, mogelijk.
De Sénégal is de enige rivier waarin het hele jaar door water stroomt. Daar bevindt zich tevens het meest gunstig gelegen bewoonbare gebied.

*De landbouw in **Mali** heeft altijd te kampen gehad met vernietigende **droogteperioden**. Met behulp van stuwdammen en irrigatiesystemen wil men landbouwarealen groter maken en woestijngebieden in akkers veranderen.*

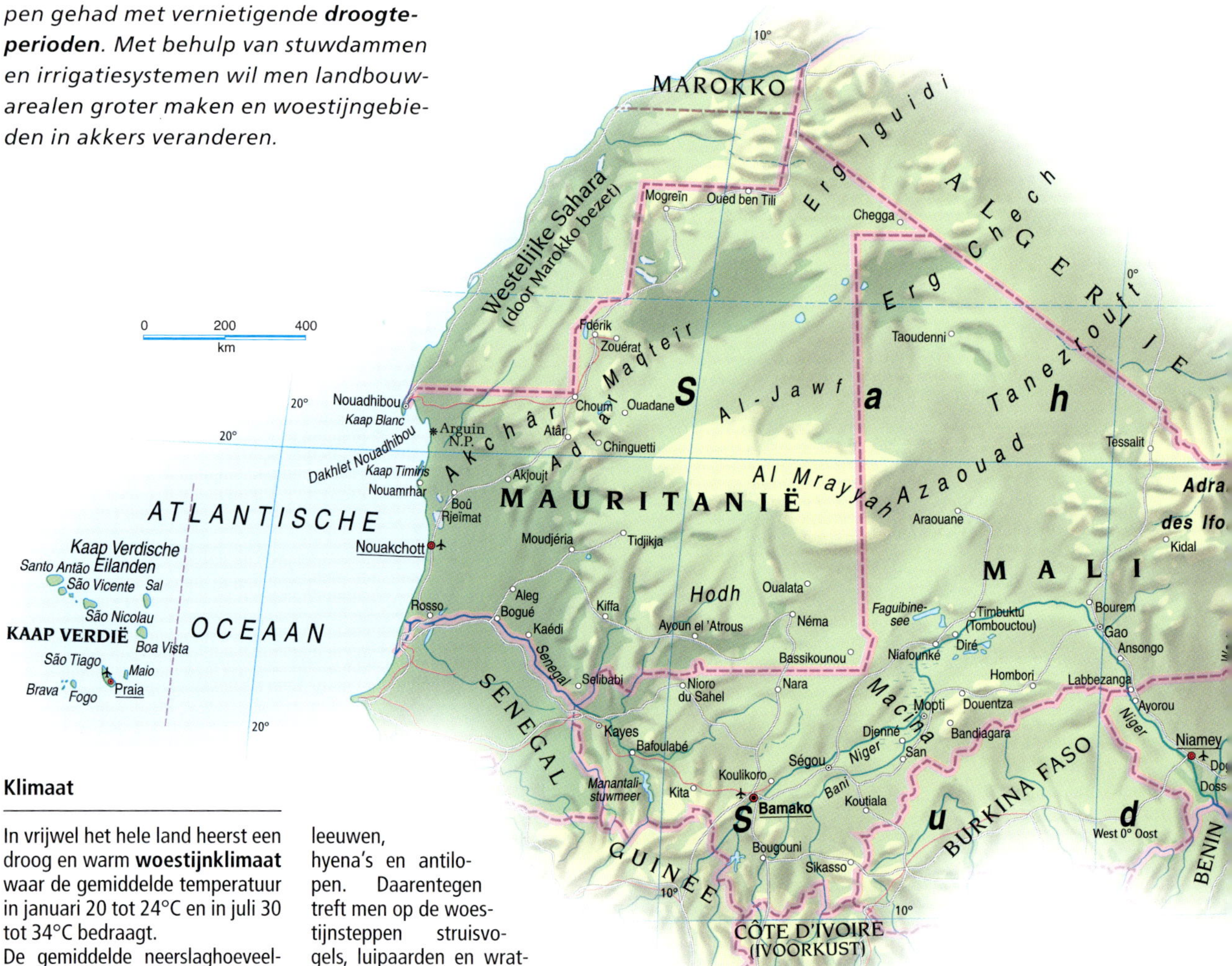

Klimaat

In vrijwel het hele land heerst een droog en warm **woestijnklimaat** waar de gemiddelde temperatuur in januari 20 tot 24°C en in juli 30 tot 34°C bedraagt.
De gemiddelde neerslaghoeveelheid bedraagt in het noorden minder dan 100 m, in het zuiden tussen de 300 en 400 mm per jaar.
Op de **woestijnsteppe**, respectievelijk de **doornstruiksavanne** in de Sahel, bevinden zich grotere glasvlakten en kreupelbosjes. Alleen in de **oasen** groeien dadelpalmen. En aan de oevers van de Sénégal gedijen baobabs, raffiapalmen en bamboe.
Op de savannen leven olifanten, leeuwen, hyena's en antilopen. Daarentegen treft men op de woestijnsteppen struisvogels, luipaarden en wrattenzwijnen aan.

Bevolking

81% van de bevolking is samengesteld uit **Arabisch-Berberse Moren**. De **zwarte Afrikanen** zijn onder te verdelen in 7% Wolof, 5% Toucouleur, 3% Soninke en 1% Fulbe, Bambara, Sarakolé en andere etnieën. Bovendien wonen er ongeveer 5000 Europeanen in het land.
De islam is de staatsreligie. Er woont slechts een kleine, christelijke minderheid. 31,4% van de Mauritanen leeft onder de armoedegrens. De levensverwachting ligt op gemiddeld 53 jaar. Het analfabetisme bedraagt ongeveer 62%.

Geschiedenis en politiek

Toen in het begin van de 15de eeuw de Portugezen bij de kust van Mauritanië arriveerden en aan land gingen, was het ooit machtige islamitische **Almoravidenrijk**, dat zich tot Spanje uitstrekte, al 300 jaar daarvoor ingestort. Vanwege de onherbergzaamheid van het land en het feit dat men niet

Daddah, Moktar Ould

* 20.12.1924
De leider van de latere Parti du Peuple werd, nadat Mauritanië de onafhankelijkheidsstatus van Frankrijk had gekregen, in 1960 eerst regeringsleider en in 1961 de eerste staatspresident. In 1984 voerde hij een autoritair eenpartijstelsel in en liet hij zich driemaal door vrije verkiezingen in zijn functie bekrachtigen. Na de mislukte inzet in de voormalige Spaanse Westelijke Sahara, de terugtrekking van zijn troepen in 1976 en een zware economische crisis, werd hij in 1978 na een militaire staatsgreep ten val gebracht.

De vrouwen in Mauritanië worden steeds zelfbewuster en nemen zelf initiatieven.

Traoré, Moussa

* Kayes 12..9.1936
Als leider van een officierscomplot kwam Traoré na een coup aan de macht en begon aan een barbaars terreurregime. In de buitenlandse politiek was hij – in het bijzonder na de droogteperiode in het begin van de jaren zeventig – afhankelijk van het Westen en met name van Frankrijk. In 1991 werd hij op zijn beurt door een staatsgreep van het leger ten val gebracht en gevangengenomen. Na een zeven jaar durend proces werd hij samen met zijn vrouw wegens ambtsmisbruik ter dood veroordeeld, maar kreeg later gratie.

*Maskers spelen bij de **Dogon** een belangrijke rol. De fantasievolle maskers (er zijn honderd verschillende soorten) symboliseren voorvaderen, dieren of geesten. Tijdens ceremonies en dansen worden mythen en de geschiedenis uitgebeeld.*

op de hoogte was van de bodemschatten, waren de koloniale machten niet echt geïnteresseerd in een bezetting. Aldus regeerden tot aan het einde van de 19de eeuw de Moorse sultans. Pas in 1903 maakten de Fransen van Mauritanië een protectoraat en in 1920 uiteindelijk een kolonie.

Na de **onafhankelijkheid** in 1960 maakte Marokko aanspraak op het gebied. Deze claim werd pas in 1970 opgegeven. Na de terugtocht van de Spanjaarden uit de 'Westelijke Sahara' bezette Mauritanië het zuiden en Marokko het noorden van de voorheen Spaanse kolonie. Voortaan voerden de beide machten een door Frankrijk ondersteunde, barbaarse oorlog tegen de onafhankelijkheidsbeweging **'Frente Polisario'**. Tijdens het conflict grepen de militairen de macht en gaf Mauritanië in 1979 alle aanspraken op het gebied op.

Er volgden nog meer staatsomwentelingen en regeringshervormingen, wat tot gevolg had dat de buitenlandse politiek onstabiel was. Spanningen met Senegal leidden tot het verdrijven van de andere staatsburgers. Sinds 1991 is er een gewijzigde grondwet van kracht en geldt de sharia, de islamitische wetgeving, de volksvertegenwoordiging is elke vijf jaar verkiesbaar, de afgevaardigden in de senaat alsook het staatshoofd worden elke zes jaar rechtstreeks door het volk gekozen. Het stemrecht geldt vanaf 18 jaar. Hoewel er een oppositie is toegestaan, worden de verkiezingen wellicht gemanipuleerd.

Economie

In 1996 bedroeg het bruto nationaal product 1,21 miljard euro, waarvan 25% afkomstig was van de **landbouw**, 32% van de **industrie** en 25% van de **dienstensector**.

Export van met name vis, visserijproducten en grondstoffen, in het bijzonder ijzererts. Tot de belangrijkste importgoederen behoren voedingsmiddelen, machines, transportmiddelen, minerale brandstoffen en chemische producten.

Verkeer

Van het 8900 km lange **wegennet** is slechts 1700 km geasfalteerd. De 675 km lange **spoorlijn**, de enige, voert van Zouérate naar Nouadhibou en wordt in eerste instantie gebruikt voor het transport van ijzererts. Internationale **luchthavens** en **zeehavens** bij Nouakchott en Nouâdhibou.

Toerisme

Mauritanië is in toeristisch opzicht nauwelijks ontsloten. Bezienswaardig zijn enkele oasen en de resten van islamitische architectuur van weleer. De beste reistijd is tussen november en maart.

Mali

Oppervlakte: 1.240.192 km²
Hoofdstad: Bamako
Staatsvorm: Presidentiële republiek
Administratieve indeling: 8 departementen en 1 district

1 De Dogon in Mali bouwen hun dorpen op de steile flanken van de Bandiagara in de lus van de Niger. De met strodaken voorziene gebouwtjes dienen als graanschuren.

2 Op de markt van Bamako, de hoofdstad van Mali, verkoopt men gebruiksartikelen, graan, vis, kruiden en andere goederen. Veel bezoekers doen ook tegenwoordig nog aan ruilhandel.

3 Van 1907 tot 1909 werd de Grote Moskee van Djenné naar het voorbeeld van het gesloopte, oorspronkelijke bouwwerk uit de 15de eeuw herbouwd.

Fulbe – de ongetwijfeld grootste taalgroep van West-Afrika is onderverdeeld in verscheidene takken, die zich zowel in economisch als in cultureel en religieus opzicht sterk van elkaar onderscheiden. De als nomaden levende koeherders, de Bororo, zijn niet op dezelfde manier geïslamiseerd als de daar woonachtige stamleden van de Fulbe. Ze leven vaak samen met boeren in economische gemeenschappen. De mannen van de Bororo worden geroemd om hun perfecte gezichtsbeschilderingen.

(hoofdstad)
Bevolking:
10,14 miljoen (9 inw./km²)
Talen: Frans (officiële taal), Bambara, andere Mandétalen
Bruto Nationaal Product:
€ 277 per hfd
Munteenheid: 1 CFA-franc = 100 centimes

Landschap

De **Sahara**, de **Sahel** en de **Sudan** kenmerken het land. Het tot 853 m hoge gebergte Adrar des Iforas flankeert de woestijn. In het zuiden stroomt de Niger, die grote delen van het land regelmatig laat overstromen. De hoogste berg is de 1155 m hoge Hombori Tondo in de Homboribergen, ten zuiden van de Nigerboog. De valleien van de Sénégal en de bronrivieren typeren het tafelland in het zuidwesten.

Klimaat

Het Sudanklimaat is **tropisch-vochtig**, terwijl er in de Sahara een **woestijnklimaat** heerst. De gemiddelde temperatuur bedraagt in het zuiden tussen de 25 en 30°C, in de Sahara ligt die tussen de 18 en 36°C. In de regentijd valt er in het zuiden tussen 1000 tot 1500 mm, in de Sahara regent het vaak jarenlang niet. De natte savanne en de galerijbossen in het zuiden gaan in noordelijke richting over in droge- en doornstruiksavannen, verder noordwaarts volgen de halfwoestijn en de woestijn. In die gebieden leven leeuwen, hyena's, luipaarden, apen, olifanten, krokodillen, gazellen, buffels, giraffen, nijlpaarden en diverse vogel- en slangensoorten.

Bevolking

De bevolking is voor 32% samengesteld uit **Bambara**. Verder is 14% **Fulbe**, 12% **Senufo**, 9% **Soninké**, 7% **Toeareg**, 7% **Songhai** en 6% **Malinké**. Ook zijn er afzonderlijke, kleine bevolkingsgroepen.
Van de bevolking is 80% moslim, 18% bestaat uit aanhangers van natuurgodsdiensten en ruim 1% is christen. De gemiddelde levensverwachting is slechts ongeveer 50 jaar, het analfabetisme bedraagt ongeveer 69%. In de steden woont 27% van de bevolking.

Geschiedenis en politiek

Na de val van verscheidene grote rijken viel het land in de 16de eeuw uiteen in kleine staten en was van 1895 tot 1960 een Franse kolonie.
Na een mislukte poging om tot een federatieverband te komen met het Franse Sudan en Senegal riep Mali op 22 september 1960 de **onafhankelijkheid** uit. De eerste socialistische regering werd opgevolgd door een militaire dictatuur, na een coup.
Sinds 1992 bestaat er een democratisch staatsbestel met een grondwet. Het parlement wordt net als het staatshoofd elke vijf jaar rechtstreeks gekozen. Stemrecht vanaf 21 jaar.

Economie

In 1996 bedroeg het bruto nationaal product 2,691 miljard euro, waarvan 46% op de **landbouw**, 17% op de **industrie** en 37% op de **dienstensector** was terug te voeren.
De invoer bestaat hoofdzakelijk uit machines, voertuigen, aardolieproducten en voedingsmiddelen. Exportgoederen zijn katoen en goud.

Verkeer

Een groot deel van het **wegennet**, met een lengte van ongeveer 13.000 km, bevindt zich in het zuiden. Daarvan is slechts 1800 km geasfalteerd. Het **spoorwegnet** is 650 km lang. De Niger en de Sénégal zijn van tijd tot tijd bevaarbaar. Ségou heeft een internationale **luchthaven**.

Toerisme

Ondanks grote investeringen in de toeristische sector is de infrastructuur zwak. De beste reistijd is tussen november en februari.

Niger

Oppervlakte: 1.267.000 km²
Hoofdstad: Niamey
Staatsvorm:
Presidentiële republiek
Administratieve indeling:
8 departementen
Bevolking:
9 miljoen (7 inw./km²)
Talen: Frans (officiële taal), Hausa en andere stamtalen
Bruto Nationaal Product:
€ 244 per hfd
Munteenheid: 1 CFA-franc = 100 centimes

Landschap

Het vulkanische **Bergland van Aïr** doemt in het centrale gedeelte van het land tot wel 2000 m hoog op en is van drie zijden omgeven door het Midden-Saharabekken. In het noorden volgt het **Ahaggarmassief**, in het noordoosten het **Djadoplateau**, alsook uitlopers van het **Tibestigebergte**. Talrijke wadi's vormen de overgang naar de **woestijn**. Alleen in de Niger en de Komadugu Yobe stroomt het hele jaar door water.

Klimaat

In de Sahara heerst een **woestijnklimaat** met een temperatuur tussen de 17 en 34°C. De neerslaghoeveelheid bedraagt minder dan 50 mm.
In de Sahel schommelt het kwik tussen 22°C in januari en 34°C in juni. Meer dan de helft van de totale neerslaghoeveelheid (400-700 mm) valt in augustus.
Grasland, met hier en daar groepjes bomen, karakteriseert de savanne in het zuiden, terwijl in de woestijn alleen in de omgeving van oasen vegetatie te vinden is.
Tot de typische woestijndieren behoren woestijnvossen, hagedissen en zandmuizen. Op de savannen leven struisvogels, olifanten, buffels, wrattenzwijnen, leeuwen, gazellen, antilopen, hyena's, talrijke vogel- en slangensoorten en in het water ook krokodillen en nijlpaarden.

Bevolking

53,6% van de Nigeranen is **Hausa**. Verder is 21% **Dscherma** en **Songhai**, 10,4% **Fulbe**, 9,2% **Toeareg** en 4,3% **Kanouri**. Arabieren en Europeanen vormen een kleine minderheid.
Van de bevolking is 80% moslim, ongeveer 15% hangt de natuurgodsdiensten aan en een minderheid is christen. De levensverwachting is met ongeveer 47 jaar uiterst laag. Het analfabetisme bedraagt 86% en is ondanks de schoolplicht uitgesproken hoog.

Geschiedenis en politiek

Voordat de Europeanen tegen het einde van de 18de eeuw het land begonnen te verkennen, bestonden er in Niger verschillende grote rijken en stadstaten die al tamelijk vroeg werden geïslamiseerd.
Pas aan het einde van de 19de eeuw kregen de koloniale machten belangstelling voor het land. In 1921 werd Niger een Franse kolonie, in 1946 een overzees territorium en in 1958 een autonome republiek.
Nadat Frankrijk in 1960 aan Niger de **onafhankelijkheidsstatus** had gegeven, volgden na de eerste burgerregering verscheidene militaire dictaturen. Tegenwoordig is het land formeel een **democratische, presidentiële republiek**. Niettemin bestaat de gerechtvaardigde verdenking dat er telkens op massieve schaal verkiezingsfraude wordt gepleegd.
De grondwet uit 1996 voorziet elke vijf jaar in parlementsverkiezingen én elke vijf jaar in de rechtstreekse verkiezing van het staatshoofd. Stemrecht vanaf 18 jaar.

Economie

In 1996 bedroeg het bruto nationaal product 2,087 miljard euro, waarvan 40% afkomstig was van de **landbouw**, 18% van de **industrie** en 42% van de **dienstensector**. De import bestaat hoofdzakelijk uit consumptieartikelen en tussen- en kapitaalgoederen. Exportproducten zijn uranium en levend vee. Door de sterke prijsdaling van uranium en de aanhoudende droogteperioden verkeert het land in een voortdurende economische crisis.

Verkeer

Het **wegennet** is in totaal slechts ongeveer 9700 km lang, waarvan

Ondanks de catastrofale economische situatie is er een rijk aanbod op de Kaapverdische markten.

Niet zelden valt er jarenlang geen druppel water en heersen er extreme temperatuurverschillen. De zand- en steenwoestijn ***Ténéré****, in het noorden van de Republiek Niger, is uitermate onherbergzaam en om die reden wonen er weinig mensen. Archeologische vondsten wijzen echter uit dat er 7000-3000 v. C. een florerende jagers- en herderscultuur heeft bestaan. Djado is een van de weinige tegenwoordig nog bewoonde nederzettingen in dit gebied. Karakteristiek zijn de traditionele lemen huizen.*

3200 km is geasfalteerd. Nabij Niamey bevindt zich een internationale **luchthaven**. De Niger is gedeeltelijk bevaarbaar.

Toerisme

De belangrijkste toeristische trekpleisters zijn het **Nationaal Park 'W'** en de twee **natuurreservaten Aïr** en **Ténéré**. Niettemin bezochten in 1996 slechts ongeveer 17.000 bezoekers het land. De beste reistijd is tussen november en maart.

Kaapverdië

Oppervlakte: 4033 km²
Hoofdstad: Praia
Staatsvorm: Republiek
Administratieve indeling: 15 arrondissementen
Bevolking: 400.000 (100 inw./km²)
Talen: Portugees (officiële taal), Crioulo
Bruto Nationaal Product: € 1066 per hfd
Munteenheid: 1 Kaapverdische escudo = 100 centavos

Landschap

Slechts tien van de in totaal 18 eilanden – ze bevinden zich op 630 km voor de westkust van West-Afrika – zijn bewoond. Terwijl **Sal**, **Boa**, **Vista** en **Maio** relatief vlak zijn en gekenmerkt worden door duinzand en zoutmoerassen, hebben de andere eilanden een bergachtig landschap met steile kusten. De vulkaan Pico op het eiland Fogo is met 2829 m de hoogste berg.

Klimaat

De noordoostpassaat zorgt voor een **tropisch klimaat** met een temperatuur tussen de 22°C in februari en 27°C in september. De neerslaghoeveelheden van 250 mm aan de kusten tot 1000 mm in de hoger gelegen gebieden komen uitsluitend voor tijdens de zuidwestmoesson tussen augustus en oktober. Regen kan echter ook het hele jaar uitblijven. Steppen met kreupelhout en doornstruiken hebben de plaats ingenomen van de oorspronkelijke vegetatie, die als gevolg van afbranden en overbeweiding vrijwel helemaal is verdwenen. Terwijl de zee een unieke hoeveelheid vissoorten vertoont, leven er op het land naast ongeveer 100 vogelsoorten alleen wilde geiten en enkele hagedis- en knaagdiersoorten.

Bevolking

71% van de Kaapverdische bevolking is samengesteld uit **mulatten**, 28% uit **zwarte Afrikanen** en 1% is **blank**. Naast 96,3% katholieken is 1% lid van de anglicaanse kerk en een minderheid hangt de natuurgodsdiensten aan. De gemiddelde levensverwachting is ongeveer 66 jaar. Het analfabetisme bedraagt ongeveer 28%.

Geschiedenis en politiek

In 1460 namen zeevaarders de eilanden voor de Portugese kroon in bezit. Toen de slavenhandel ten einde liep, verloor de kolonie in toenemende mate aan economische betekenis. In juli 1975 werden de Kaapverdische Eilanden onafhankelijk. Samenvoegingspogingen met Guinee-Bissau werden in 1980 definitief opgegeven. Tot 1991 bestond er een neutrale regering (één partij), waarna de eerste vrije verkiezingen plaatsvonden. De grondwet uit 1992 maakt het mogelijk dat er elke vijf jaar parlementsverkiezingen worden gehouden, evenals elke vijf jaar rechtstreekse verkiezingen van de president. Stemrecht vanaf 18 jaar.

Economie

In 1996 bedroeg het bruto nationaal product 436,6 miljoen euro, waarvan 21% afkomstig was van de **landbouw**, 30% van de **industrie** en 49% van de **dienstensector**. Met jaarlijks 343 euro ontwikkelingshulp per hoofd van de bevolking is Kaapverdië de grootste ontvanger. De handelsbalans is simpelweg catastrofaal negatief. De invoer bestaat uit machines en transport- en levensmiddelen. Exportgoederen zijn visserijproducten en schoenen.

Verkeer

Van het 2250 km lange **wegennet** is 100 km geasfalteerd. Motorboten en regionale luchtvaartverbindingen maken de eilanden onderling bereikbaar. Op Sal bevindt zich een internationale **luchthaven**.

Toerisme

De lange zandstranden en goede duikmogelijkheden lokten in 1996 37.000 bezoekers. Samen zorgden zij voor een inkomstenbron van 12,2 miljoen euro. De reistijd is het hele jaar door ideaal. De noordoostpassaat brengt echter in de winter rood woestijnstof mee.

1 **Zoals honderden jaren geleden gebeurde, zo trekken in de Republiek Niger ook tegenwoordig kameelkaravanen langs het Bergland van Aïr door de Sahara.**

2 **In Midden-Mali vormt de Niger een landdelta van ongeveer 40.000 km² met een doolhof van rivierarmen, meren en moerassen. De vegetatie is hier weelderig. De palmen zijn karakteristiek.**

3 **Er bevinden zich niet veel nederzettingen in de Ténéréwoestijn in de Republiek Niger. De oase Iferouane ligt op een steenworp afstand van het Bergland van Aïr.**

Senegal, Gambia

*In de afgelopen jaren is de situatie van de **vrouwen in Gambia** duidelijk verbeterd. Het grootste deel van de inwoners mag dan wel soennitisch islamiet zijn, het aantal werkende vrouwen groeit. Ondanks de twijfelachtige democratische hervormingen, zoals die in de grondwet van 1996 zijn vastgelegd, versterkte niettemin het zelfbewustzijn van de vrouwen. Ze organiseren zich in toenemende mate in kleine, particuliere coöperaties, bijvoorbeeld bakkerijen.*

Senegal

Oppervlakte: 196.722 km²
Hoofdstad: Dakar
Staatsvorm: Presidentiële republiek
Administratieve indeling: 10 departementen
Bevolking: 8,5 miljoen (44 inw./km²)
Talen: Frans, Wolof
Bruto Nationaal Product: € 666 per hfd
Munteenheid: 1 CFA-franc = 100 centimes

Landschap

Het Senegalees-Gambiaanse **kustlaagland** kenmerkt het grootste deel van het grondgebied. In het oosten bevindt zich het Guinese bergland **Fouta Djalon**, waar ook de rivieren ontspringen die samen de Sénégal vormen. Het kustgebied is eveneens vlak. Een uitzondering vormt het schiereiland **Kaap Vert** dat uit vulkanen van weleer is ontstaan.

Klimaat

Het tropische klimaat in Senegal is in het vaak door **droogte** getroffen noorden met een gemiddelde neerslaghoeveelheid van slechts 300 mm extreem droog. In het wisselvallige, vochtige zuiden valt van april tot november tot 1500 mm regen. De gemiddelde temperatuur schommelt tussen 27°C in het binnenland en 24,5°C aan de kust. In de kustregio bevinden zich mangrovemoerassen, in het binnenland is er tropisch regenwoud dat noordwaarts overgaat in natte savanne (bomen en struiken) en vervolgens in droge savanne. In het **Nationaal Park Niokolo-Koba** leven antilopen, apen, hyena's, nijlpaarden, luipaarden, leeuwen, olifanten en buffels.

Bevolking

44% van de Senegalezen is **Wolof**. Verder is 15% **Sérères**, 11% **Toucouleur** en 5% **Djola**. Daarnaast wonen er minderheden, waaronder Mandingo, Sarakolé, Malinké, Fulbe, Moren, Libanezen, Syriërs, Fransen en andere bevolkingsgroepen. Van de totale bevolking is 94,5% soennitisch islamiet, 5% is christen en een minderheid hangt de natuurgodsdiensten aan. De gemiddelde levensverwachting is slechts ongeveer 50 jaar, het analfabetisme bedraagt 67%. Meer dan de helft van de bevolking leeft onder de armoedegrens; 44% van de Senegalezen woont in de steden.

Senegal – 78% van de beroepsbevolking werkt in de landbouw.

Geschiedenis en politiek

Nadat de Portugezen in 1444 de monding van de Sénégal hadden ontdekt, dreven ook de Nederlanders, Fransen en Britten er handel, waarbij het ging om goud, ivoor, maar vooral om slaven.
In de 19de eeuw werd het huidige Senegal een **Franse kolonie**. Al snel kregen de aldaar wonende Afrikanen het staatsburgerschap, alvorens het land op 4 april 1960 de **onafhankelijkheidsstatus** verkreeg. Een federatie met Sudan, het huidige Mali, mislukte.
Tegenwoordig is Senegal een relatief stabiele, democratische presidentiële republiek. De staatspresident wordt elke zeven jaar rechtstreeks gekozen, het parlement elke vijf jaar. Stemrecht vanaf 18 jaar.

Economie

In 1996 bedroeg het bruto nationaal product 5,395 miljard euro, waarvan 20% afkomstig was van de **landbouw**, 18% van de **industrie** en 62% van de **dienstensector**.
Invoergoederen zijn halffabrikaten, voedingsmiddelen, machines, aardolie en transportmiddelen. Export van onder meer vis en visserijproducten, aardnoten en chemische producten.

Verkeer

Slechts 3600 km van het in totaal 14.000 km lange **wegennet** is geasfalteerd. Het **spoorwegnet** omvat 1200 km. Dakar heeft een belangrijke **zeehaven** en een internationale **luchthaven**.

Toerisme

Hoewel de toeristische infrastructuur nog niet goed is ontwikkeld, bezochten in 1996 niettemin 305.000 buitenlandse gasten het land. De gunstigste reistijd is tussen december en mei.

Gambia

Oppervlakte: 11.295 km²
Hoofdstad: Banjul
Staatsvorm: Presidentiële republiek
Administratieve indeling: 6 arrondissementen, 35 districten
Bevolking: 1,1 miljoen (98 inw./km²)
Talen: Engels (officiële taal), Mandingo, Wolof, andere lokale talen
Bruto Nationaal Product: € 355 per hfd
Munteenheid: 1 dalasi = 100 butut

*De **Bidjogo** – de stamleden van dit volk op de Bissago-eilanden voor de kust van Guinee-Bissau gelden als uitstekende vissers, botenbouwers en sierkunstenaars. Aldus vervaardigen ze naast maskers, cultusvoorwerpen, zielendoosjes, vruchtbaarheidspoppen en voorvaderfiguren ook naturalistisch uitgevoerde siermaskers. Ze worden samen met andere maskers, zoals nijlpaard- en kleurrijke vogelmaskers, tijdens initiatie- en overgangsriten gedragen.*

Landschap

Gambia is van drie zijden door **Senegal** omsloten en strekt zich uit langs de gelijknamige 375 km lange rivier, van de Atlantische Oceaan tot in het Afrikaanse continent. Het grondgebied is op sommige plaatsen maar 24 km breed. Het rivierlandschap van Gambia gaat van een slibvlakte over in glooiende gebieden en uiteindelijk in een plateau (tot 200 m).

Klimaat

Het wisselvallig-vochtige **tropische klimaat** leidt tot een gemiddelde temperatuur van 23°C in januari tot 28°C in juli. In de regentijd, tussen juni en oktober, bedraagt de neerslaghoeveelheid 1300 mm aan de kust, in het binnenland 1000 mm. In het mondingsgebied van de Gambia groeien mangroven, ter hoogte van de middenloop zijn er natte savannen en het oosten wordt gekenmerkt door droge savannen.
Vooral in de beide nationale parken is een soortrijke fauna behouden gebleven. Tot de karakteristieke vertegenwoordigers van de dierenwereld behoren krokodillen, nijlpaarden, apen, antilopen, wrattenzwijnen, hyena's, jakhalzen, luipaarden en talrijke vogelsoorten.

Bevolking

Van de talrijke etnische bevolkingsgroepen zijn de **Mandingo** met 44% het sterkst vertegenwoordigd. Bovendien is 17,5% **Fulbe**, 12,3% **Wolof**, 7% **Djola** en 7% **Sarakolé**. Verder zijn er kleine minderheden. 85% is moslim, 10% noemt zich christen en een kleine minderheid hangt de natuurgodsdiensten aan. De gemiddelde levensverwachting is slechts 53 jaar, het analfabetisme bedraagt ongeveer 61%.

Geschiedenis en politiek

Na de koloniale heerschappij van de Portugezen – die ongeveer 100 jaar duurde – vochten de Fransen en Engelsen om het gebied, want de handel in goud, ivoor, ebbenhout en slaven was er lucratief.
In 1889 werden de ook tegenwoordig nog geldende grenzen tussen het toenmalige Britse Gambia en het vroegere Franse Senegal vastgesteld.
Na de **onafhankelijkheid** in 1965 regeerde Dawda K. Jawara tot aan de coup onder leiding van Yayah Jammeh. Pogingen tot een eenwording met Senegal mislukten diverse malen. Na de grondwet uit 1997 worden 45 leden van het parlement rechtstreeks gekozen. Vier parlementsleden worden door het elke vijf jaar rechtstreeks gekozen staatshoofd benoemd. Stemrecht vanaf 18 jaar.

Economie

In 1995 bedroeg het bruto nationaal product 393 miljoen euro, waarvan 28% afkomstig was van de **landbouw**, 15% van de **industrie** en 57% van de **dienstensector**. De handelsbalans is zorgwekkend negatief.
Importgoederen zijn onder meer voedingsmiddelen, industriële producten, machines, brandstoffen, transportmiddelen en levend vee. Export van aardnoten, vis, huiden en vachten.

Verkeer

Ongeveer 500 km van het 3100 km lange **wegennet** is geasfalteerd. Een groot deel van het binnenlandse transport vindt plaats op de Gambia. In de buurt van de hoofdstad is een internationale **luchthaven**.

Toerisme

De sprookjesachtige stranden aan de Atlantische Oceaan lokken steeds meer toeristen. De beste reistijd is tussen november en mei.

Guinee-Bissau

Oppervlakte: 36.125 km²
Hoofdstad: Bissau
Staatsvorm: Presidentiële republiek
Administratieve indeling: 3 provincies, 8 departementen, 1 arrondissement (hoofdstad)
Bevolking: 1,07 miljoen (30 inw./km²)
Talen: Portugees (officiële taal), Crioulo, dialecten
Bruto Nationaal Product: € 277 per hfd
Munteenheid: 1 Guinee-Bissaupeso = 100 centavos

Landschap

De Bijagóseilanden liggen voor de gekloofde kust en behoren tot het grondgebied. In het glooiende achterland – stijgend naar 300 m – bevinden zich talrijke meanderende rivieren die in de regentijd grote delen van het land onder water zetten.

1 **De kleinste sociaal-economische eenheid in Senegal is de erfgemeenschap, waarvan alle verwanten lid zijn en de mannelijke oudste de hoofdman is.**

2 **Zoals vroeger nemen de dorpsoudsten de belangrijkste beslissingen die de dorpsgemeenschap aangaan. Dit belangrijke instituut is bij alle etnieën in Senegal onveranderd gebleven.**

3 **Op de talloze markten zijn inheemse producten te koop. Het aanbod is echter vaak tamelijk bescheiden.**

Guinee-Bissau, Guinee

*Ongeveer 85% van de Guinese arbeiders is werkzaam in de **landbouw**, die echter maar een aandeel van 24% in het bruto nationaal product heeft. Tot de belangrijkste landbouwproducten behoren maniok, rijst, palmpitten, kookbananen en ananas. Maar de opbrengt heeft te lijden onder het wijdverbreide afbranden van het land en de achtergebleven landbouwmethoden. Helaas worden ook veel kinderen aangetrokken om landarbeid te verrichten, waardoor maar ongeveer 30% naar school gaat.*

Klimaat

Het wisselvallig-vochtige tropische klimaat zorgt voor een gemiddelde temperatuur van 26°C. In de regentijd, tussen mei en oktober, bedraagt de gemiddelde neerslaghoeveelheid in het noorden ongeveer 1200 mm en in het westen 3000 mm.
De kustvegetatie bestaat uit mangrove- en moerasbossen. Het laagland aan de kust en de eilanden zijn bedekt door een altijdgroen regenwoud. Landinwaarts zijn moessonbossen te vinden, die in het oosten overgaan in de natte savanne (bomen en struiken). Typische vertegenwoordigers van de savannefauna zijn olifanten, hyena's, buffels, antilopen en luipaarden. Aan de kust leven veel vogelsoorten en er zijn krokodillen en nijlpaarden.

Bevolking

25% van de inwoners is **Balanta**. Verder is 20% **Fulbe**, 12% **Mandingo**, 11% **Manyako** en 10% **Papéis**. Daarnaast wonen er andere bevolkingsgroepen, zoals een blanke minderheid.
Meer dan 50% hangt natuurgodsdiensten aan, 38% is moslim en 8% bestaat uit vooral katholieke christenen. De gemiddelde levensverwachting is ongeveer 44 jaar. Het analfabetisme bedraagt 45%.

Geschiedenis en politiek

In 1446 namen de Portugezen het land in bezit en organiseerden van daaruit een lucratieve **slavenhandel**. In 1961 ontstond er verzet tegen de machthebbers in Lissabon en begon er een langdurige bevrijdingsoorlog tot het land na de Portugese Revolutie in 1974 onafhankelijk werd.
Eenwordingspogingen met Kaapverdië mislukten diverse malen. Sindsdien ontstonden er telkens conflicten die aan een burgeroorlog deden denken. Conform de laatste wijziging (1996) van de grondwet uit 1984 worden de volksvertegenwoordiging en het staatshoofd elke vijf jaar rechtstreeks gekozen. Stemrecht vanaf 18 jaar.

Economie

In 1996 bedroeg het bruto nationaal product in totaal 301 miljoen euro, waarvan 53% afkomstig was van de **landbouw**, 14% van de **industrie** en 33% van de **dienstensector**.
Guinee-Bissau heeft niet alleen een enorme buitenlandse schuld, maar ook een extreem negatieve handelsbalans.
Invoerproducten zijn voedingsmiddelen, machines, transportmiddelen, aardolie en -producten. Met een exportaandeel van 85% is de cashewnoot het belangrijkste agrarische product.

Verkeer

Slechts 300 km van het in totaal ongeveer 5000 km lange **wegennet** is geasfalteerd. Het land heeft geen spoorwegnet. Bij de hoofdstad bevindt zich de belangrijkste **zeehaven** en er is een internationale **luchthaven**.

Toerisme

Vanwege onopgehelderde politieke verhoudingen werden in 1998 alle zich in het land bevindende buitenlanders geëvacueerd. Toerisme is nog steeds niet mogelijk. In klimatologisch opzicht zou de beste reistijd tussen december en april zijn.

Guinee

Oppervlakte:	245.857 km²
Hoofdstad:	Conakry
Staatsvorm:	Republiek
Administratieve indeling: 4 provincies, 30 departementen, 1 district (hoofdstad)	
Bevolking: 6,7 miljoen (27 inw./km²)	
Talen: Frans (officiële taal), stamtalen	
Bruto Nationaal Product: € 611 per hfd	
Munteenheid: 1 Guineefranc = 100 centimes	

Landschap

Langs de kust met veel baaien, compleet met talrijke eilanden, strekt zich een 50 tot 90 km brede vlakte uit. Daarachter, in het tot 1500 m hoge tafelbergland **Fouta Djalon**, ontspringen naast andere rivieren ook de Gambia en de Sénégal.
De hoogvlakten in het oosten bevinden zich op een hoogte van 400 tot 500 m en worden doorsneden door de bovenloop van de Niger en zijn bijrivieren. De hoogste toppen in het zuidelijk gelegen eilandgebergte vormen de Monts Nimba (1752 m).

Klimaat

Het wisselvallig-vochtige tropische klimaat zorgt voor een gelijkmatige temperatuur tussen de 25 en 28°C. In de regentijd treden er vaak orkaanachtige stormen op en bedraagt de neerslaghoeveelheid in het oosten en aan de kust tot 4000 mm. In het binnenland is dat nog slechts tussen de 1300 en 2000 mm. De oorspronkelijke regenwoudvegetatie is alleen in het zuidoosten op grote schaal behouden gebleven. Ontginning heeft tot het ontstaan van natte savannen in het westen en droge savannen in het noordoosten geleid. De kuststroken kenmerken zich door mangroven.
De faunadiversiteit van weleer is slechts in het reservaat Nimba in de oorspronkelijke staat behouden gebleven. Karakteristieke dieren zijn hier onder meer olifanten, luipaarden, leeuwen, antilopen, buffels, apen, hyena's, krokodillen, slangen, nijlpaarden, lamantijnen en talrijke vogelsoorten.

Bevolking

Van de talrijke etnische bevolkingsgroepen zijn de **Malinké** en de **Fulbe** met elk 30%, de **Soussou** met 15%, de **Kissi** met 6,5% en de **Kpelle** met 4,8% het sterkst vertegenwoordigd. 95% is moslim, 1,5% hangt het christendom aan en er zijn aanhangers van verscheidene traditionele godsdiensten. De gemiddelde levensverwachting is ongeveer 46 jaar. Het analfabetisme bedraagt 64%.

Geschiedenis en politiek

Toen de Portugezen tegen het einde van de 15de eeuw hun eerste handelsposten aan de kust stichtten, was het grote islamitische Malirijk – dat in de 14de eeuw onder leiding van Mansa Musa zijn bloeitijd meemaakte – allang ingestort. Pas in de 19de eeuw interesseerden de Europese koloniale machten zich voor dit gebied. De Fransen konden zich tegen de Britten staande houden, maar hadden lange tijd met het verzet van de inheemse bevolking te kampen. Vanaf 1893 was het gebied onder de naam Frans-Guinea een zelfstandige kolonie. Na de **onafhan-**

*De **Temne**, een boerenvolk, vormt ongeveer een derde deel van de bevolking van Sierra Leone. Het betreft hoofdmangemeenschappen die doorgaans bestaan uit een grotere plaats en enkele omliggende dorpen. Ze zijn politiek niet met elkaar verbonden. Veeleer speelt de federale gedachte binnen de hoofdmangemeenschappen een beslissende rol. Onder de hoede van mannen- en vrouwenverbonden valt bijvoorbeeld het organiseren van religieuze feesten.*

kelijkheid in 1958 volgde het land een strikte sovjetkoers. Tijdens het bewind van dictator Ahmed Sékou Touré werd elke oppositie meedogenloos onderdrukt en verlieten twee miljoen burgers het land. Na het overlijden van Touré in 1984 kwam het tot gewelddadige opstanden tegen het militaire regime, dat daarna niet lang kon standhouden.
Sindsdien regeert het staatshoofd Lansana Conté, die een meerpartijenstelsel en vrije verkiezingen invoerde. Ondanks deze democratische hervormingen zijn schendingen van de mensenrechten en verkiezingsfraude nog altijd schering en inslag. De grondwet uit 1991 voorziet in een parlement dat elke vier jaar wordt gekozen. Het staatshoofd is elke vijf jaar rechtstreeks verkiesbaar. Stemrecht vanaf 18 jaar.

Economie

In 1996 bedroeg het bruto nationaal product in totaal 4,226 miljard euro, waarvan 24% afkomstig was van de **landbouw**, 31% van de **industrie** en 45% van de **dienstensector**. Ondanks het grote potentieel aan landbouwgronden en de aanzienlijke omvang van natuurlijke hulpbronnen, zoals bauxiet, diamant, goud en ijzererts, is Guinee nog altijd aangewezen op internationale hulp. Importgoederen zijn machines, apparaten, voertuigen, investeringsgoederen, aardolieproducten en voedingsmiddelen. Tot de belangrijke exportproducten behoren bauxiet, goud, aluminium, koffie en diamant.

Verkeer

Slechts ongeveer een zesde deel van het 30.270 km lange **wegennet** is geasfalteerd. Naast de in particuliere handen zijnde goederenspoorbanen bestaat er ook een 660 km lange, door de staat geëxploiteerde **spoorwegverbinding** tussen Conakry en Kankan. **Zeehavens** bij Kamsar en Conakry; waar zich ook de internationale **luchthaven** bevindt.

Toerisme

Guinee is in toeristisch opzicht nauwelijks ontsloten. Tussen december en maart is het klimaat het draaglijkst.

Sierra Leone

Oppervlakte: 71.740 km²
Hoofdstad: Freetown
Staatsvorm: Republiek binnen het Gemenebest
Administratieve indeling: 4 provincies, 1 stadsarrondissement, 147 stamgebieden
Bevolking: 4,6 miljoen (64 inw./km²)
Talen: Engels (officiële taal), Crioulo
Bruto Nationaal Product: € 200 per hfd
Munteenheid: 1 leone = 100 cents

Landschap

De ongeveer 40 km brede, vlakke kuststrook met mangrovebossen en eilanden kenmerkt zich door rivieren, moerasland en zandbanken. Het gedeeltelijk bergachtige schiereiland Sierra Leone ('Leeuwenbergen') heeft toppen tot 890 m hoog. De vlakten in het binnenland gaan in het oosten over in het Hoogland van Guinee dat gekenmerkt wordt door het Lomagebergte. De hoogste berg is de Loma Mansa (1948 m).

Klimaat

Het wisselvallig-vochtige **tropische klimaat** zorgt er in de kustgebieden voor dat het kwik schommelt tussen de 25 en 28°C. In de droge tijd waait de **harmattan**, een hete, droge woestijnwind. De neerslaghoeveelheid op het schiereiland Sierra Leone kan tot 5000 mm bedragen. In het oosten valt daarentegen 3000 mm en in het noorden slechts 2000 mm.
Het tropisch regenwoud is op veel plaatsen geweken voor akkerland of bossen met laag hout. Langs de rivieren bevinden zich galerijbossen, in het noorden domineert de savanne. Naast talloze vogel- en insectensoorten leven er in de ri-

1 Op de markt in Mamou in Guinee, bieden boeren uit de omgeving hun producten aan.

2 Diamanten voor de burgeroorlog – zowel de regering als de rebellen in Sierra Leone gebruiken de opbrengst van de edelstenen voor de aankoop van wapens en huurlingen.

3 Naast bauxiet en andere delfstoffen speelt de winning van diamanten ook in Guinee een belangrijke rol.

4 Vanwege het grote aantal analfabeten houden beroepsschrijvers 'kantoor' op straat en hebben daarbij niet te klagen over te weinig werk.

Sierra Leone, Liberia, Burkina Faso

De agrarische sector in Burkina Faso werd sinds de jaren tachtig consequent aangemoedigd. De grote rijkdom van het land bestaat vooral uit de ***veelteelt****. Naast het houden van runderen, schapen, varkens, paarden en ezels is vooral ook de pluimveehouderij sterk aanwezig. Zoodoende is het aanbod aan kippenvlees dat in de omliggende regio wordt geproduceerd in Ouagadougou meer dan voldoende, waardoor menige handelaar een zekere welstand heeft bereikt en zich financieel een motor kan veroorloven.*

vieren krokodillen en nijlpaarden, in de wouden apen en op de savannen antilopen en buffels.

Bevolking

Van de vele etnische bevolkingsgroepen zijn de **Mende** met 34,6% en de **Temne** met 31,7% het sterkst vertegenwoordigd. Daarnaast is 8,4% Limba, 3,5% Kuranko en er wonen Europese, Aziatische en Libanese minderheden. Behalve aanhangers van talrijke plaatselijke religies bekent 39% zich tot de islam en 8% tot het christendom. De gemiddelde levensverwachting is 37 jaar. Het analfabetisme bedraagt ongeveer 69%.

Geschiedenis en politiek

Nadat de Portugezen Sierra Leone hadden ontdekt, stichtten ook de Nederlanders en Britten handelsposten van waaruit in de 18de eeuw een lucratieve handel in slaven, goud en diamanten ontstond. Aanvankelijk zorgden de Britten ervoor dat de bevrijde slaven zich in de buurt van Freetown konden vestigen. Deze creolen bepaalden lange tijd het lot van het land, dat in de 19de eeuw een deel van het Britse imperium en in 1896 tot Brits protectoraat werd verklaard. Na de **onafhankelijkheid** in 1961 braken er conflicten uit tussen de creolen en de oorspronkelijke bevolking. In 1971 werd de status dominion van het Britse Gemenebest opgegeven en het land tot **republiek** uitgeroepen. De belangrijkste politieke factor vormt de Temne-groepering All-People's Congress, dat na de heerschappij van verscheidene militaire regimes in 1978 de macht overnam en alle oppositiepartijen rigoureus onderdrukte.
Hoewel de grondwet uit 1991 in een democratiseringsproces voorzag, werd die opnieuw door een militaire coup tenietgedaan. Het ingrijpen van interventietroepen uit Liberia en Guinee kon evenmin iets bijdragen aan een mogelijke vrede. Nog altijd heerst er een burgeroorlog, regeren er voortdurend andere machthebbers en zijn bijna 700.000 mensen het land uit gevlucht.

Economie

In 1996 bedroeg het bruto nationaal product 1027,7 miljoen euro, waarvan 42% op de **landbouw**, 27% op de **industrie** en 31% op de **dienstensector** was terug te voeren. De grote voorraden delfstoffen, waaronder titanium, goud, diamanten, ijzererts en bauxiet, worden niet efficiënt gewonnen. De handel in edelstenen dient voornamelijk om de oorlog te financieren.
De landbouwsector functioneert slecht en de willekeurige, meedogenloze kap van de regenwouden heeft tot catastrofale **milieuschade** geleid.
Invoergoederen zijn machines, transport- en voedingsmiddelen. Tot de exportproducten behoren diamanten, bauxiet en cacao.

Verkeer

Slechts ongeveer 1200 km van het 7500 km lange **wegennet** is geasfalteerd. Een **spoorweg** vormt een 84 km lange verbinding tussen Pepel en Marampa. De rivieren zijn alleen in de regentijd bevaarbaar. Freetown heeft een **zeehaven**; iets noordelijker bevindt zich een internationale **luchthaven**.

Toerisme

De voortdurende burgeroorlogen en een meer dan gebrekkige infrastructuur maken het toerisme zo goed als onmogelijk. Tussen november en maart is het weer het aangenaamst.

Voor de bouw van de moskeeën in Burkina Faso wordt leem gebruikt – de bouwwijze die in West-Afrika zo karakteristiek is.

Liberia

Oppervlakte: 111.369 km²
Hoofdstad: Monrovia
Staatsvorm: Presidentiële republiek
Administratieve indeling: 11 arrondissementen, 4 territoriums
Bevolking: 2,9 miljoen (26 inw./km²)
Talen: Engels (officiële taal), stamtalen
Bruto Nationaal Product: € 222 per hfd
Munteenheid: 1 Liberiaanse dollar = 100 cents

Landschap

De 600 km lange kust kenmerkt zich door talrijke zandbanken, landtongen, lagunen en gedeeltelijk ook steile kusten. Achter de 10 tot 50 km brede, moerassige kustvlakte volgt een tot 400 m hoog plateaulandschap met enkele heuvels. In het noorden ligt het Nimbagebergte, waar de 1384 m hoge Guest House Hill ligt.

Klimaat

Het **tropisch regenklimaat** zorgt voor een gemiddelde temperatuur van 24 tot 27°C aan de kust en 22 tot 28°C in het binnenland. Aan de kust bedraagt de neerslaghoeveelheid 4500 mm, in het binnenland 2000 mm en in de bergen 3000 mm. In de zomer maakt de **harmattan**, een woestijnwind, de lucht heet en droog.
Ongeveer een derde deel van het landoppervlak bestaat uit tropisch regenwoud, waarvan bijna de helft inmiddels is gekapt. Aan de kust domineren de mangrovenmoerassen en savannen. Vooral de natuurreservaten doen nog denken aan de oorspronkelijke, soortrijke fauna. Hier kunnen apen, olifanten, dwergnijlpaarden, luipaarden, antilopen, hyena's en veel vogel- en reptielensoorten leven zonder dat ze worden bedreigd.

Bevolking

In Liberia wonen 16 verschillende etnische bevolkingsgroepen. De belangrijkste zijn de **Kpelle** (20%), de **Bassa** (14%), de **Grwewbo** (9%), de **Kru** (8%), de **Mandingo** (6%) en de **Loma** (6%). 70% van de mensen hangt traditionele religies aan, 20% is moslim en 10% christen. De gemiddelde levensverwachting is 49 jaar. Het analfabetisme bedraagt ongeveer 62%.

Geschiedenis en politiek

Nadat de Portugezen in 1461 de 'Peperkust' hadden bezet, stichtten diverse Europese naties enkele nederzettingen ten behoeve van de handel in slaven en edel hout. Desondanks bleef het land voor de koloniale machten grotendeels oninteressant. In 1816 'kochten' filantropen uit de Verenigde Staten een kuststrook van de Kru en konden de sinds 1822 bevrijde slaven zich aldaar vestigen. In 1847 werd Liberia de eerste onafhankelijke Afrikaanse **republiek** met een grondwet naar het voorbeeld van de Verenigde Staten.
Tijdens het bewind van Wilson Tubman opende het land zich tussen 1944 en 1971 nog een keer in een grootse stijl voor buitenlandse investeerders. Onder de 'goedkope' Liberiaanse vlag groeide 's werelds grootste handelsvloot. Na het overlijden van Tubman spitsten de etnische tegenstellingen zich toe. Er volgden verscheidene barbaarse militaire dictaturen. Aan een bloedige burgeroorlog kon pas in 1996 een voorlopig einde worden gemaakt. De grondwet uit 1986 voorziet in een parlement (twee kamers), de president wordt elke zes jaar rechtstreeks gekozen. Stemrecht vanaf 19 jaar.

Economie

Als gevolg van de burgeroorlog en een chaotische economische politiek is er geen actueel, betrouwbaar cijfermateriaal voorhanden.

Verkeer

Slechts ongeveer 750 km van het 10.000 km lange **wegennet** is geasfalteerd. Het **spoorwegnet** is ongeveer 520 km lang en dient hoofdzakelijk voor het transport van ijzererts. In de nabijheid van Monrovia bevindt zich een internationale **luchthaven**.

Toerisme

Liberia is in toeristisch opzicht nauwelijks ontsloten. De beste reistijd is tussen november en maart.

Burkina Faso

Oppervlakte: 274.200 km²
Hoofdstad: Ouagadougou
Staatsvorm: Republiek
Administratieve indeling: 45 provincies
Bevolking: 10,3 miljoen (38 inw./km²)
Talen: Frans (officiële taal), Fulbe, More en andere stamtalen
Bruto Nationaal Product: € 255 per hfd

Tijdens het bewind van president Félix Houphouët-Boigny werden gigantische bouwplannen werkelijkheid. De basiliek ***Notre-Dame-de-la-Paix*** *in de hoofdstad Yamoussoukro biedt plaats aan 18.000 mensen en werd in 1990 ingewijd.*

Munteenheid: 1 CFA-franc = 100 centimes

Landschap

Een groot deel van het grondgebied bestaat uit een 250 tot 350 m hoog plateau met enkele bergketens. De hoogste top is de Pic de Nakourou van 749 m. In het zuidwestelijk gelegen zandsteentafelland ontspringt de Zwarte Volta.

Klimaat

In het noordoosten heerst een droog **tropisch klimaat** met neerslaghoeveelheden van minder dan 500 mm (tussen juni en augustus). De **zuidwestmoesson** zorgt in het zuiden en midden van het land gedurende de regentijd voor neerslaghoeveelheden tot 1200 mm.
Gemiddeld schommelt het kwik tussen 27 tot 30°C, waarbij zo nu en dan in het noorden een temperatuur van 44°C wordt gemeten. In de droge tijd waait de droge, hete Saharawind **harmattan**.
In het zuiden domineert de natte savanne, langs de rivieren bevinden zich galerijbossen. In het noorden zijn droge doornstruiksavannen en woestijnsteppen. Vooral in de grensoverschrijdende nationale parken leven talrijke vogelsoorten, buffels, nijlpaarden, leeuwen, jakhalzen, apen en krokodillen.

Bevolking

In Burkina Faso wonen ongeveer 160 etnische volkeren, waaronder de **Mossi** (48%), de **Fulbe** (10%), de **Dagara** en **Lobi** (7%), **Mande-bevolkingsgroepen** en een Europese minderheid. De helft van de bevolking hangt de verschillende natuurgodsdiensten aan, 43% is moslim en 12% bestaat voornamelijk uit katholieke christenen. Het analfabetisme bedraagt 81%. De gemiddelde levensverwachting is slechts ongeveer 46 jaar.

Geschiedenis en politiek

De Europeanen begonnen het gebied pas in de 19de eeuw te verkennen. De heerschappij van de Mossi bleef grotendeels verschoond van buitenlandse invloeden tot de Fransen vanaf het einde van de 19de eeuw aanspraak maakten op de regio.
Na de **onafhankelijkheid** in 1960 volgde de ene na de andere barbaarse dictatuur. Naast terreur, corruptie en politieke moorden veroorzaakte een ruïneus financieel-economische politiek voor catastrofale levensomstandigheden. Sinds 1991 regeert de ex-dictator Blaise Compaoré als gekozen staatshoofd. Hij was in staat bescheiden economische successen te boeken.
Na de laatste grondwetswijziging in 1997 wordt het parlement elke vijf en het staatshoofd elke zeven jaar rechtstreeks gekozen. Stemrecht vanaf 18 jaar.

Economie

In 1996 bedroeg het bruto nationaal product 2,67 miljard euro, waarvan 23% afkomstig was van de **landbouw**, 28% van de **industrie** en 39% van de **dienstensector**.
Van de omvangrijke delfstofvoorraden goud, zink, zilver, lood, nikkel en mangaan worden pas onlangs noemenswaardige hoeveelheden gewonnen. Invoergoederen zijn industriële producten, voedingsmiddelen, brandstoffen, machines en transportmiddelen. De belangrijkste exportproducten zijn onder meer katoen, dierlijke producten en goud.

Verkeer

Slechts 1100 km van het in totaal 16.500 km lange **wegennet** is geasfalteerd; het grootste deel is in de regentijd niet begaanbaar. Er bestaat een 517 km lange **spoorlijn** en er bevinden zich twee internationale **luchthavens** bij zowel de hoofdstad als Bobo-Dioulasso.

Toerisme

Het toerisme ontwikkelt zich slechts langzaam. De beste reistijd is tussen december en februari.

Ivoorkust/ Côte d'Ivoire

Oppervlakte: 322.462 km²
Hoofdstad: Yamoussoukro
Staatsvorm: Presidentiële republiek
Administratieve indeling: 49 departementen
Bevolking: 14,3 miljoen (45 inw./km²)
Talen: Frans (officiële taal), Dioula en andere talen
Bruto Nationaal Product: € 733 per hfd
Munteenheid: 1 CFA-franc = 100 centimes

1 In de omgeving van Dori, in het uiterste noordoosten van Burkina Faso, leven nomaden die hun hutten ook tegenwoordig nog op de traditionele manier bouwen.

2 Het Abron-volk hoort bij de Akan en woont in het westen van Ghana en het oostelijk deel van Ivoorkust. De koning omgeeft zich met een schitterend uitgedoste hofhouding.

3 Katoen is naast cacao en hout een belangrijk exportproduct van Ivoorkust. Het transport vindt echter nog vaak plaats met vrachtkarren.

Ivoorkust, Ghana, Togo

*De **Ashanti**, de grootste etnische bevolkingsgroep in Ghana, had tot in de 19de eeuw een reusachtig rijk in West-Afrika. Het betreft een sacraal koningschap waarbij sieraden de waardigheid van de heersers benadrukken.*

Landschap

De westkust bestaat uit rotsklippen en zanderige baaien, in het oosten uit lagunes en landtongen. Achter een 60 km brede kustvlakte bevindt zich een heuvelachtige hoogvlakte. In het noorden en noordwesten ligt het **Nimbagebergte** met de **Mont Nimba** (1752 m). De langste rivier – 720 km – is de Bandama.

Klimaat

Terwijl in het noorden een droog, heet **woestijnklimaat** met een neerslaghoeveelheid van 1200 tot 1400 mm heerst, is het in het zuiden vochtig-warm. In de bergen valt tot 2300 mm neerslag, aan de kust regent het 1500 tot 2000 mm. De gemiddelde temperatuur ligt tussen de 25 en 28°C.
De vegetatie is door afbranden en overbeweiding sterk veranderd. Aan de kust groeien kokospalmen en mangroven, landinwaarts zijn de tropische regenwouden en de moessonwouden te vinden. In noordelijke richting gaat de natte savanne over in droge savanne. Met name in de nationale parken zijn hyena's, olifanten, krokodillen, lamantijnen, nijlpaarden, luipaarden, jakhalzen, apen, buffels en antilopen te zien.

Bevolking

De bevolking is samengesteld uit meer dan 60 etnische bevolkingsgroepen. Naast de **Baule** (23%), de **Bete** (18%), de **Senufo** (15%), de **Agni-Ashanti** (14%), de **Malinké** (11%) en de **Kru** en **Mande** (10%) wonen er ook Dan Gouro, Kuoa, Fulbe en andere volkeren. 60% van de bevolking hangt de natuurgodsdiensten aan, 27% is moslim en 20% voornamelijk katholiek. De gemiddelde levensverwachting is ongeveer 54 jaar. Het analfabetisme bedraagt 60%.

Geschiedenis en politiek

Vanaf de 15de eeuw stichtten de Portugezen – en vanaf de 17de eeuw ook de Fransen – langs de kust handelsposten van waaruit een bloeiende handel ontstond in ivoor en slaven. Vanaf de 19de eeuw controleerden de Fransen ook grote delen van het binnenland, hielden zich met plantages bezig en voegden Ivoorkust in 1895 bij Frans West-Afrika.
Na de **onafhankelijkheid** in 1960 nam Félix Houphouët-Boigny de macht over en voerde gedurende 33 jaar het bewind. Het door hem in het leven geroepen eenpartijstelsel was strikt op zijn persoon gericht. Ondanks etnische en economische problemen is Ivoorkust de meest stabiele natie in West-Afrika. Zowel het parlement als het staatshoofd worden elke vijf jaar rechtstreeks gekozen. Stemrecht vanaf 21 jaar.

Economie

In 1996 bedroeg het bruto nationaal product in totaal 10,482 miljard euro, waarvan 31% op de **landbouw**, 20% op de **industrie** en 49% op de **dienstensector** was terug te voeren. De grote ijzer-, nikkel- en kopervoorraden worden nog op een ontoereikende manier gewonnen. Invoer van ruwe olie, voedingsmiddelen, machines en geneesmiddelen. De belangrijkste exportgoederen zijn cacao, koffie, hout en katoen.

Verkeer

Slechts 3800 van het 54.000 km lange **wegennet** is geasfalteerd. Het **spoorwegnet** heeft een lengte van 665 km. Abidjan heeft een **zeehaven** en er bevindt zich een internationale **luchthaven**.

Ook in Togo dragen de vrouwen hun waren meestal op hun hoofd.

Toerisme

Toeristen ontdekken in toenemende mate de zandstranden rond de lagune van Abidjan. De beste reistijd is van december tot maart.

Ghana

Oppervlakte: 238.533 km²
Hoofdstad: Accra
Staatsvorm: Presidentiële republiek
Administratieve indeling: 10 departementen, 110 arrondissementen
Bevolking: 17,6 miljoen (74 inw./km²)
Talen: Engels (officiële taal), meer dan 70 andere talen en dialecten
Bruto Nationaal Product: € 433 per hfd
Munteenheid: 1 cedi = 100 pesewa

Landschap

Achter de kust strekt zich een 20 tot 100 km breed laagland uit, dat overgaat in de tot 700 m hoge Ashanti-heuvels.
In het enorme stroomgebied van de Volta bevindt zich het ongeveer 8500 km² grote **Voltameer**, een van de grootste stuwmeren ter wereld. De **Volta** stroomt door het smalle dal van het **Akwapim-Togogebergte** langs de grens met Togo en waarvan de hoogste berg de Afadjoto (885 m) is.

Klimaat

De **harmattan**, een droge, hete woestijnwind, en de vochtige **moesson** bepalen het klimaat in deze tropische convergentiezone. Als gevolg van het savanneklimaat in het noorden is er alleen een regentijd tussen mei en september. Hier valt tussen de 1100 en 1270 mm neerslag. In het zuiden bestaan er twee regentijden. In het zuidwesten valt tussen de 1250 en 2100 mm regen, in de regenschaduw van het Akwapim-Togogebergte slechts 750 mm.
De gemiddelde temperatuur ligt tussen de 26 en 29°C, maar in het noorden kan het kwik naar 43°C stijgen.
Door afbranden, overbeweiding en een commercieel gerunde bosbouw is het oorspronkelijke regenwoud sterk teruggedrongen. In plaats daarvan is er een secundair bos ontstaan dat in het noorden overgaat in savanne. Langs de rivieren zijn echter nog galerijbossen behouden gebleven. Vooral in de twee wildreservaten zijn apen, buffels, olifanten, nijlpaarden, krokodillen en veel vogelsoorten te zien.

Bevolking

In Ghana wonen meer dan 100 verschillende bevolkingsgroepen. 52,4% is **Ashanti** en **Fanti**, 11,9% **Ewe**, 7,8% **Ga** en **Ga-Adangbe**, 1,3% **Yoruba**, 15,8% **Mossi**, 11,9% **Guan** en 3,3% **Gurma**. Bovendien wonen er Manda Hausa, Fulbe en Europeanen.
40% van de bevolking is protestant. Verder is 20% katholiek, hangt 35% de plaatselijke religies aan en 5% is moslim. De gemiddelde levensverwachting is ongeveer 59 jaar. Het analfabetisme bedraagt 36%.

Geschiedenis en politiek

In 1471 gingen Portugese zeevaarders aan de 'Goudkust' aan land. Sindsdien zorgden de Europeanen voor een bloeiende handel in goud en slaven. In 1874 werd het gebied een Britse kolonie en in 1957 het eerste land in zwart Afrika dat de **onafhankelijkheidsstatus** kreeg.
De socialistische koers van de eerste premier **Kwame Nkrumah** voerde het land naar een economische catastrofe. De situatie verbeterde niet tijdens het bewind van talrijke daaropvolgende militaire dictaturen. Een van de belangrijkste personen in de recente geschiedenis is de luchtmachtluitenant Jerry Rawlings die zichzelf diverse malen tot regeringsleider uitriep en zijn regiem sinds 1992 elke vier jaar met behulp van rechtstreekse verkiezingen op democratische wijze probeert te legitimeren.
De grondwet van de vierde Republiek uit 1993 voorziet erin dat elke vier jaar een gekozen parlement en president regeren. Stemrecht vanaf 18 jaar.

Economie

In 1996 bedroeg het bruto nationaal product 7,048 miljard euro, waarvan 46% afkomstig was van de **landbouw**, 16% van de **industrie** en 38% van de **dienstensector**. Uitvoer van vooral goud, cacao, onbewerkt aluminium en hout. De import bestaat hoofdzakelijk uit machines, transportoutillage, ruwe olie en industriële halffabrikaten.

Verkeer

Het **spoorwegnet** is 953 km lang. Het **wegennet** heeft een totale lengte van 37.561 km, waarvan 9535 km is geasfalteerd. In Kotoka bevindt zich een internationale **luchthaven**.

Toerisme

In 1996 arriveerden 300.000 toeristen in het land. Ze brachten 275,5 miljoen euro aan deviezen binnen. De aangenaamste reistijd is tussen juli en september en van december tot maart.

Togo

Oppervlakte: 56.785 km²
Hoofdstad: Lomé
Staatsvorm: Presidentiële republiek
Administratieve indeling: 5 departementen
Bevolking: 4,1 miljoen (73 inw./km²)

Bij de onafhankelijkheid in 1960 nam de Republiek ***Togo*** *de naam aan van de gelijknamige plaats (tegenwoordig Togoville) aan het Togomeer. In de taal van de Ewe, de grootste etnische bevolkingsgroep van het land, betekent 'to' water en 'go' oever. Het wassen van de kleren aan de rivieroever heeft dan wel iets romantisch, de vrolijke bedrijvigheid van de vrouwen mag de miserabele levensomstandigheden van de bevolking niet verdoezelen. De meerderheid van de Togolezen leeft op of onder de armoedegrens.*

Talen: Frans (officiële taal), Kabyé, Ewe
Bruto Nationaal Product: € 344 per hfd
Munteenheid: 1 CFA-franc = 100 centimes

Landschap

De kust is in totaal slechts ongeveer 5 km lang en wordt gevormd door lagunen en landtongen. Daarachter bevindt zich een bijna 200 km breed vlak land met heuvelruggen. De Mont Baumann is met 986 m de hoogste top in het Togogebergte. Ten noordwesten daarvan vormt de Otivlakte het grensgebied met Burkina Faso.

Klimaat

In het zuiden heerst een savanneklimaat met twee regentijden, van maart tot juni en van september tot oktober. Daarentegen bestaat er in het noorden maar één regentijd, van april tot oktober. Op de kustvlakten schommelt de gemiddelde neerslaghoeveelheid tussen de 600 en 700 mm, landinwaarts is dat 1500 mm en in het noorden 1200 mm. Aan de kust bedraagt de gemiddelde temperatuur 27°C, in het noorden 30°C. De savanne bestaat uit uitgestrekte grasvlakten met hier en daar groepjes bomen – het karakteristieke Togolese landschap. Aan de kust groeien mangroven, op de zandstranden zijn dat palmen. Het tropisch regenwoud is alleen in het zuidwestelijk deel van het Togogebergte behouden gebleven. In de beide nationale parken en wildparken kon de oorspronkelijke fauna overleven. Tot de ooit karakteristieke dieren behoren onder meer buffels, leeuwen, luipaarden, hyena's, antilopen, nijlpaarden, krokodillen en talrijke vogel- en slangensoorten.

Bevolking

De bevolking is samengesteld uit meer dan 40 etnische bevolkingsgroepen. De **Ewe**, met ongeveer 46%, is het sterkst vertegenwoordigd. Verder wonen er **Temba**, **Mopa**, **Gurma**, **Kabyé**, **Losso**, **Hausa**, **Fulbe** en Libanese en Franse minderheden. 50% hangt de diverse natuurgodsdiensten aan, 35% is christen en 15% soennitisch moslim. De gemiddelde levensverwachting is 50 jaar. Het analfabetisme bedraagt ongeveer 48%.

Geschiedenis en politiek

In de 15de eeuw ontdekten de Portugezen de Togolese kust, waar eerst zij en later ook de Denen een florerende slavenhandel dreven. Daarna stichtten de Britten en Fransen hier handelsposten. Niettemin bleven grote delen van het land onder Afrikaanse heerschappij, zoals het koninkrijk **Dahome** in het oosten en het **Ashanti-rijk** in het westen.
Met Gustav Nachtigal begon een Duits engagement. In 1884 werd Togo een Duits protectoraat. Na de Eerste Wereldoorlog verdeelden Frankrijk en Groot-Brittannië het gebied onder elkaar, dat door de Volkerenbond in 1922 officieel in een mandaatgebied werd veranderd, met in 1946 een Brits mandaatgebied in het oosten en een Frans gedeelte in het westen van het land.
Het Britse mandaatgebied besloot in 1956 na een volksraadpleging om zich bij Ghana aan te sluiten. Het Franse gedeelte koos voor een **autonome republiek** die op 27 april 1960 werd uitgeroepen. Sylvanus Olympio was de eerste president en werd in 1963 vermoord. In 1967 greep Etienne Gnassingbé Eyadéma de macht na een staatsgreep. Ondanks de toelating van oppositiepartijen en een democratische grondwet regeert het staatshoofd het land met dictatoriale methoden.
Zowel het parlement als het staatshoofd worden elke vijf jaar rechtstreeks gekozen. Stemrecht vanaf 18 jaar.

1

2

3

4

Economie

In 1996 bedroeg het bruto nationaal product 1,975 miljard euro, waarvan 35% afkomstig was van de **landbouw**, 23% van de **industrie** en 42% van de **dienstensector**. Import van onder meer machines, voedingsmiddelen en brandstoffen. Uitvoerpro-

1 **In 1482 stichtten de Portugezen Elmina in het huidige Ghana. De vesting herinnert aan de slavenhandel van weleer.**

2 **Een Lobi-vrouw bakt kleipotten voor het gierstbier. De Lobi maken deel uit van de Gur-volkeren; in West-Afrika behoren daar miljoenen mensen toe.**

3 **In een dorp van de Ashanti bij Kumasi, in het zuiden van Ghana, vinden ook tegenwoordig nog de traditionele recepties van de hoofdmannen plaats.**

4 **In de nabijheid van Bolgatanga is de traditionele bouwwijze van de Mossi door de eeuwen heen onveranderd gebleven.**

*De meeste inwoners van Benin zijn aanhangers van traditionele godsdiensten. Een veelomvattende **voorouderverering** is gebaseerd op het idee dat de gestorvenen onheil kunnen afwenden. Om die reden worden ze bij belangrijkere beslissingen om raad gevraagd.*

ducten zijn calciumfosfaat, katoen, cacao en koffie.

Verkeer

Het **spoorwegnet** is 525 km en het **wegennet** 7519 km lang, waarvan 2376 km is geasfalteerd. Lomé heeft een **zeehaven** en er bevindt zich een internationale **luchthaven**.

Toerisme

Het toerisme is nauwelijks ontwikkeld. In 1996 arriveerden 58.000 buitenlandse gasten. De beste reistijd is tussen november en april.

Benin

Oppervlakte: 112.622 km²
Hoofdstad: Porto Novo
Staatsvorm: Presidentiële republiek
Administratieve indeling: 6 provincies, 78 arrondissementen
Bevolking: 5,48 miljoen (49 inw./km²)
Talen: Frans (officiële taal), Fon, Yoruba en andere stamtalen
Bruto Nationaal Product: € 411 per hfd
Munteenheid: 1 CFA-franc = 100 centimes

Wole Soyinka

* Abeokuta 13.7.1934

Deze dramaturg, lyricus, romancier en draaiboekauteur kreeg in 1986 de Nobelprijs voor literatuur. In zijn werken probeert hij een synthese te bewerkstelligen tussen de Afrikaanse mythologie en het moderne leven. Bovendien nam hij stelling tegen de militaire dictatuur in Nigeria. Hij werd verscheidene malen vervolgd en in 1997 bij verstek aangeklaagd wegens landverraad. In 1998 keerde hij na zijn ballingschap terug naar Nigeria.

Landschap

De zanderige kuststrook gaat over in lagunen- en moerasgebied, en in noordelijke richting in de vruchtbare 'terre de barre', met daarachter een tot 500 m hoog plateau.
In het noordwesten verheft zich het tot 641 m hoge **Atacoragebergte**. Een steile wand van 300 m hoog vormt de overgang naar het **Pendjari-laagland**. In het noorden glooit het plateau geleidelijk naar de Nigervallei.

Klimaat

In het vochtig-warme savanneklimaat in het zuiden bedraagt de gemiddelde temperatuur 27,5°C. Het kwik kan echter ook alleszins stijgen tot boven de 40°C.
Gedurende de twee regentijden – van maart tot juli en van september tot november – valt gemiddeld tussen de 1000 en 1500 mm regen. Daarentegen is de neerslaghoeveelheid in het noorden tijdens de regentijd van mei tot september niet meer dan 500 mm. In de droge tijd verdringt de **harmattan**, de hete Saharawind, de vochtige **zuidwestmoesson**.
Het grootste deel van het land bestaat uit savannen met hier en daar groepjes bomen. Van het oorspronkelijk weelderige, woekerende regenwoud zijn alleen nog resten bij de rivierlopen en in het zuidoostelijk gebied behouden gebleven.
De gevarieerde fauna wordt in de natuurreservaten beschermd. De voor deze breedten karakteristieke dieren zijn olifanten, buffels, antilopen, leeuwen, apen, krokodillen en talrijke vogel- en slangensoorten.

Bevolking

Van de ongeveer 60 verschillende etnische bevolkingsgroepen hoort 80% bij de **Kwa**-volkeren, zoals de **Fon**, de **Yoruba**, de **Adja**, de **Bariba**, de **Somba** en de **Gun**. Verder wonen er Fulbe, Hausa en Europese minderheden.
60% van de inwoners van Benin kiest voor de diverse natuurgodsdiensten, 20,4% hoort bij de katholieke kerk en de rest is islamiet of methodist.
De gemiddelde levensverwachting is ongeveer 55 jaar. Het analfabetisme bedraagt 63%. In de steden woont 39% van de bevolking.

Geschiedenis en politiek

Vanaf de 15de eeuw dreven eerst de Portugezen en vervolgens de Fransen een lucratieve **slavenhandel** vanuit hun steunpunten langs de kust. Na het einde van de slavenhandel kwam het accent te liggen op de handel in palmproducten en katoen.
Pas tegen het einde van de 19de eeuw lukte het de Fransen om het kleine Afrikaanse koninkrijk aan zich te onderwerpen. Het gebied werd onder de naam **'Dahome(y)'** een Franse kolonie en vanaf 1904 een deel van Frans West-Afrika.
Na de **onafhankelijkheid** in 1960 volgden acht militaire en burgerregeringen. Uiteindelijk kwam in 1972 een communistisch bewind aan de macht dat in 1975 de landsnaam in Benin veranderde.
Sinds 1990 bestaat er een liberale grondwet, waardoor het parlement verkiesbaar is en elke vijf jaar een rechtstreekse verkiezing van de staatspresident plaatsvindt. Stemrecht vanaf 18 jaar.

Economie

In 1996 bedroeg het bruto nationaal product 2,22 miljard euro, waarvan 36% afkomstig was van de **landbouw**, 15% van de **industrie** en 49% van de **dienstensector**.
Invoer van vooral industriële producten, voedingsmiddelen, machines, transportmiddelen en brandstoffen. Tot de exportgoederen behoren met name katoen, aardolie, alsook aardolie- en palmproducten.

Verkeer

Slechts ongeveer een derde van het in totaal 7400 km lange **wegennet** is geasfalteerd. Het **spoorwegnet** heeft een lengte van 580 km. Cotonou heeft een **zeehaven** en er bevindt zich een internationale **luchthaven**.

Toerisme

Ondanks sprookjesachtige zandstranden en de verzorgde nationale parken is het toerisme in Benin tot nu toe nauwelijks ontwikkeld. De beste reistijd is tussen december en maart en van augustus tot september.

Lagos is zowel een industriecentrum als de belangrijkste haven van Nigeria en ligt op vier eilanden.

Nigeria

Oppervlakte: 923.768 km²
Hoofdstad: Abuja
Staatsvorm: Presidentiële bondsrepubliek
Administratieve indeling: 36 federale staten, territorium (hoofdstad)
Bevolking: 111,3 miljoen (121 inw./km²)
Talen: Engels (officiële taal), Arabisch, stamtalen
Bruto Nationaal Product: € 288 per hfd
Munteenheid: 1 naira = 100 kobo

Landschap

Het door de Niger en de Benue bepaalde landschap is onder te verdelen in vier verschillende, natuurlijke gebieden. De Nigerdelta, de lagunen en de moerassen kenmerken het kustlandschap, terwijl in het uiterste zuidoosten een rotsachtige kust domineert.
Het ongeveer 150 km brede **kustlaagland** gaat landinwaarts over in het westelijk van de Niger gelegen **Yorubaplateau**, de **Oban** en de **Udi Hills**, alsook in het zuidelijk gelegen **Benueplateau** ten oosten van de Niger. Bij de grens met Kameroen bevinden zich de Gotel en Shebshi Mountains, met de 2042 m hoge Dimlang.
Het centrale plateau ligt op een hoogte van ongeveer 1200 m en glooit op het Josplateau naar 1752 m. In het noordwesten zakt de hoogvlakte af naar de Sokotovlakte, in het noordoosten volgen de aangeslibde landvlakten bij het **Tsjaadmeer**.

Klimaat

Het tropische klimaat waarborgt een temperatuur van 26 tot 29°C aan de kust. In het noorden schommelt die tussen de 23 tot 33°C, op het centrale plateau tussen de 21 en 26°C.
In het zuiden duurt de regentijd van april tot november. De gemiddelde neerslaghoeveelheid bedraagt daarbij aan de kust tot 4000 mm. De regentijd in het noorden duurt van mei tot oktober. Hier valt op plaatsen niet meer dan 700 mm.
In de droge tijd bepaalt de **harmattan** – een hete woestijnwind –

*Benin is de bakermat van de **voodoo**, een cultus die zich door de slaven vooral in Haïti verder heeft ontwikkeld en die naar verluidt wereldwijd ongeveer 50 miljoen aanhangers heeft. De niet op het geschreven woord, maar op rites gebaseerde religie geniet intussen ook in West-Afrika weer grote belangstelling. In het voormalige koninklijk paleis van Abomey worden talrijke ceremoniële voorwerpen tentoongesteld. In de smederij werden cultvoorwerpen, zoals ijzeren fetisjen, gefabriceerd.*

het klimaat. In het tot de Sahelzone behorende noordoosten domineren de woestijnsteppen. De in zuidoostelijke richting hieraan aansluitende Sudanzone bestaat uit droge savannen met doornstruiken en hier en daar een baobab.

De Guineezone bestaat uit loofbomen en boomsavannen, terwijl in de kuststreken de mangrovemoerassen overheersen.

De oorspronkelijke faunadiversiteit wordt sterk bedreigd. Vooral in de wildparken Borgu en Yankari leven nog olifanten, nijlpaarden, giraffen, buffels, leeuwen, antilopen en talrijke vogelsoorten. De lamantijnen aan de kust zijn inmiddels zeldzaam geworden.

Bevolking

In Nigeria wonen in totaal 434 etnische bevolkingsgroepen, waaronder **Hausa-Fulani**, **Hamitische en Tsjadohamitische volkeren**, **Ibo**, **Ibibio**, **Yoruba**, **Fulani** en een Europese minderheid.

Ongeveer de helft wordt gevormd door christenen met verschillende geloofsrichtingen, en 45% is moslim. Bovendien zijn er talrijke aanhangers van de traditionele godsdiensten.

De gemiddelde levensverwachting is ongeveer 53 jaar. Het analfabetisme bedraagt 43%. In de steden woont 40% van de Nigerianen.

Geschiedenis en politiek

Er is aangetoond dat er in de periode vóór 2000 jaar geleden al belangrijke culturen waren in Nigeria. Vanaf de 11de eeuw hadden de Hausa in het noorden eigen staten met een duidelijk urbane cultuur gesticht. Al vroeg kreeg de islam veel invloed en had inmiddels vaste voet aan de grond gekregen toen de Portugezen in 1472 het Beninrijk ontdekten. Tot 1807 dreven de Europeanen een bloeiende slavenhandel in de Nieuwe Wereld die ook als gevolg van oorlogen tussen de diverse stammen te lijden had onder extreem hoge verliezen onder de bevolking.

In het midden van de 19de eeuw riepen de Britten Nigeria uit tot een van hun koloniën, maar ze lieten de traditionele machtssferen gedeeltelijk ongemoeid.

Na de definitieve verovering van het koninkrijk Benin – in 1897 – ontstonden de Britse protectoraten Zuid- en Noord-Nigeria, die in 1914 opgingen in de 'Colony and Protectorate of Nigeria'.

In 1960 kreeg Nigeria de **onafhankelijkheidsstatus** en werd in 1963 een republiek binnen het Gemenebest. De strijd om de politieke hegemonie werd door de drie grote etnische bevolkingsgroepen op een gruwelijke manier uitgevochten. Staatsgrepen en politieke moorden kenmerken de recente geschiedenis van het land. Toen in 1967 de Ibo-regio de eigen staat Biafra uitriep, brak er een burgeroorlog uit die tot 1970 aan meer dan een miljoen mensen het leven kostte. Verschillende militaire regimes verrijkten zich met de hogere inkomsten in de oliebusiness, zonder dat de bevolking daarvan kon profiteren.

Bijzonder barbaars was het regime van generaal Sani Abacha, die vanaf 1993 onaangename opposities meedogenloos liet liquideren. De internationale oliemaatschappijen steunden de militaire dictatuur, waarbij in het bijzonder Shell blootstond aan een kruisvuur van kritiek. De beloofde terugkeer naar de **democratie** volgde ook na het overlijden van Abacha niet. De grondwet is momenteel niet van kracht. De verkiezingen van 1999, onder controle van de internationale gemeenschap, vormden een belangrijke stap naar de democratie.

Economie

In 1996 bedroeg het bruto nationaal product 35,55 miljard euro, waarvan 28% afkomstig was van de **landbouw**, 53% van de **industrie** en 19% van de **dienstensector**. De rijkdom van het land heeft alles te maken met de aardolievoorraden. 93% van de totale export bestaat uit ruwe olie. Invoergoederen zijn machines, ijzerwaren, chemische producten, voertuigen en elektrotechnische producten.

Verkeer

Het **spoorwegnet** is 3557 km en het **wegennet** 32.105 km lang, waarvan 26.005 km is geasfalteerd. Er zijn vijf internationale **luchthavens**. De belangrijkste **zeehavens** bevinden zich bij Lagos, Calabar en Warri. Die voor de olie-exportafhandeling bevinden zich bij Bonny en Borutu.

1

2

3

Toerisme

Door de politieke onrust arriveerden er in 1996 nog maar 822.000 bezoekers in het land. Ze brachten niettemin een totaal van 94 miljoen euro aan deviezen binnen. De beste reistijd is tussen oktober en maart. Zuid-Nigeria heeft een extreem zwoel klimaat.

1 Op het Lac Nokoué in Benin ontstonden in de 18de eeuw paaldorpen die alleen per boot bereikbaar zijn. Deze bouwwijze bood de bewoners een uitstekende bescherming tegen vijanden.

2 Het traditionele koninkrijk van Abomey is in Benin nog altijd springlevend. Enkele koningen alsook de koninklijke families hebben nog steeds een grote ideële invloed.

3 De Nigerdelta heeft een oppervlak van pakweg 25.000 km² en is daarmee de grootste rivierdelta van Afrika. De enorme hoeveelheden vis vormen de bestaansbasis van de bewoners.

__Tsjaad__ behoort tot de armste landen ter wereld. 85% van de bevolking leeft van de landbouw. Het relatief grote aanbod op de veemarkt in de oase Faya-Largeau mag niet verdoezelen dat er armoede heerst.

Tsjaad

Oppervlakte: 1.284.000 km²
Hoofdstad: N'Djamena
Staatsvorm: Presidentiële republiek
Administratieve indeling: 14 prefecturen
Bevolking: 6,5 miljoen (5 inw./km²)
Talen: Frans, Arabisch (officiële talen)
Bruto Nationaal Product: € 200 per hfd
Munteenheid: 1 CFA-franc = 100 centimes

Landschap

Het Tsjaadbekken kenmerkt het westen en het binnenland en wordt in het noorden geflankeerd door het tot 3415 m hoge **Tibestigebergte**, in het zuiden door de Noord-equatoriale Rug en zowel in het oosten als in het westen door het Enedi- en Quadaïplateau. In het westen bevindt zich het Tsjaadmeer.

Klimaat

in het noorden domineert het Saharaanse woestijnklimaat. Het zorgt voor een neerslaghoeveelheid van minder dan 50 mm en een gemiddelde temperatuur van 21°C in de winter en 34°C in de zomer. De gemiddelde temperatuur in het wisselvallig-vochtige tropische klimaat in het zuiden bedraagt 25°C in januari en 31°C in april. In de regentijd, van mei tot oktober, valt er ongeveer 1000 mm regen. De woestijn in het noorden gaat in zuidelijke richting over in halfwoestijn. Vervolgens in droge doornstruiksavannen, daarna natte savannen en uiteindelijk in de altijdgroene tropische bossen. Tot de in de Sahara levende dieren behoren woestijnvossen, gazellen, jachtluipaarden en hyena's. In het zuiden leven antilopen, giraffen, bavianen, nijlpaarden, luipaarden, olifanten en leeuwen.

Bevolking

De getalsmatig grootste bevolkingsgroepen van de ongeveer 200 etnieën vormen de **Arabieren** (15%), de **gearabiseerde volkeren** (38%), de **Sara** (30%), de **Tibbu-Daza-bevolkingsgroepen**, de **Fulbe**, de **Hausa** en andere volkeren. Ongeveer de helft hangt de islam aan, 30% is christen, veelal katholiek, en 20% bestaat uit aanhangers van diverse natuurgodsdiensten. De gemiddelde levensverwachting is ongeveer 48 jaar. Het **analfabetisme** bedraagt 52%.

Geschiedenis en politiek

Vanaf de Middeleeuwen bestonden er drie machtige islamitische rijken die een lucratieve slavenhandel bedreven. Tegen het einde van de 19de eeuw bezetten de Fransen het land en voegden het in 1910 bij **Frans Equatoriaal-Afrika**. Na de onafhankelijkheid in 1960 volgde president **Tombalbaye** een pro-Franse koers, maar kon zijn macht echter alleen met dictatoriale maatregelen instandhouden. In 1975 was hij het slachtoffer van een aanslag. Het traditionele noord-zuidconflict bereikte zijn hoogtepunt in een bloedige burgeroorlog, waarbij Libië het islamitische noorden en Frankrijk het christelijke zuiden steunde. De grondwet uit 1996 is tot op de dag van vandaag nog niet helemaal uitgevoerd.

Economie

In 1996 bedroeg het bruto nationaal product 1,15 miljard euro, waarvan 46% afkomstig was van de **landbouw**, 15% van de **industrie** en 35% van de **dienstensector.** De landbouw is in eerste instantie bedoeld voor de eigen voedselvoorziening, maar kan daar niet aan voldoen. De vermoedelijk aanwezige olievoorraden worden thans niet aangeboord.

*In **Kameroen** wonen tegenwoordig meer dan 200 etnische volkeren. In het zuiden leven volkeren die Bantoe spreken, in het noorden zijn dat hoofdzakelijk islamitische groepen en veel Sudanstammen. Op de foto rechts zit een maraboe, een islamitische wijze.*

Verkeer

Afgezien van een ongeveer 200 km lang, geasfalteerd **wegennet** bestaan er alleen pistes. Yaoundé heeft een internationale **luchthaven**.

Toerisme

Tsjaad is in toeristisch opzicht nauwelijks ontsloten. De beste reistijd is tussen december en februari.

Kameroen

Oppervlakte: 475.442 km²
Hoofdstad: Yaoundé
Staatsvorm: Presidentiële republiek
Administratieve indeling: 10 provincies
Bevolking: 13,3 miljoen (28 inw./km²)
Talen: Frans, Engels (officiële talen), Bantoetalen
Bruto Nationaal Product: € 722 per hfd
Munteenheid: 1 CFA-franc = 100 centimes

Landschap

Ten westen van een smalle strook laagland, de zogenaamde 'Kameroenslenk', doemt het vulkanisch massief op, het Kameroengebergte, met de **Mount Cameroon** (4070 m). Ook enkele eilanden voor de kust zijn van vulkanische oorsprong. Achter de moerassige kustvlakte volgt in het zuiden een klein plateaulandschap dat in het zuidoosten overgaat in het Kongobekken. In het midden van het land bevindt zich het **Adamawagebergte** met toppen tot 2500 m. Het massief glooit in noordelijke richting naar het Tsjaadmeer.

Klimaat

In het zuiden heerst een wisselvallig-vochtig tropisch klimaat met een neerslaghoeveelheid van 4000 tot 5000 mm. Aan de kust stijgt het kwik tot gemiddeld 26° C. De streek rond Mount Cameroon hoort met neerslaghoeveelheden van meer dan 10.000 mm tot de **regenrijkste gebieden** op aarde. In het uiterste noorden valt in een relatief korte regentijd slechts 500 mm en de gemiddelde temperatuur schommelt tussen de 10 en 40°C. In het centrale hoogland worden temperaturen gemeten van gemiddeld 22°C en is de neerslaghoeveelheid 1500 mm. Aan de kust bevinden zich moerassen en mangroven, in het zuiden domineert het tropisch regenwoud. Centraal-Kameroen kenmerkt zich door boomsavannen die overgaan in grassavannen en steppen.

Vooral in de nationale parken houden zich talrijke verschillende diersoorten op. Typische savannebewoners zijn bavianen, giraffen, neushoorns, leeuwen, olifanten en buffels. In de regenwouden leven gorilla's en talrijke vogelsoorten.

Bevolking

In Kameroen wonen ongeveer 200 etnische bevolkingsgroepen. Daarvan is 40% **Bantoe** en 20% **semi-Bantoe** en **Adamawa**. Verder zijn er **Hausa**, **Fulbe**, **Pygmeeën** en is er een Europese minderheid. 53% hangt het christendom aan en 22% is islamiet. Daarnaast zijn er veel aanhangers van natuurgodsdiensten. De gemiddelde levensverwachting is 56 jaar. Het analfabetisme bedraagt ongeveer 37%.

Geschiedenis en politiek

Naast de **Portugezen**, die omstreeks 1420 in Kameroen arriveerden, hielden ook de Scandinaviërs, de Hollanders en de Britten zich hier gedurende meer dan 300 jaar onafgebroken bezig met een florerende slavenhandel. In 1884 werd Kameroen een **Duitse kolonie**. Na de Eerste Wereldoorlog verdeelden de Britten en Fransen het gebied onder elkaar.

In 1960 kreeg het Franse en in 1961 het Britse deel de **onafhankelijkheidsstatus**, waarna Kameroen zich weer samenvoegde, met uitzondering van een klein gebied dat zich bij Nigeria aansloot. De postkoloniale tijd stond in het teken van het bewind van president **Ahmadou Ahidjo**, die een centralistische politieke koers volgde. Na zijn terugtreden in 1982 probeerde zijn opvolger **Paul Biya** ogenschijnlijk democratische hervormingen door te voeren. De grondwet uit 1972 maakt het mogelijk dat het parlement en het staatshoofd elke vijf jaar rechtstreeks worden gekozen. Stemrecht vanaf 20 jaar.

Economie

Kameroen geldt als een van de rijkste staten in het sub-Saharaanse Afrika. In 1996 bedroeg het bruto nationaal product 9,284 miljard euro, waarvan 39% af-

1 Tsjaad – zoals ook in de buurstaten hadden de landbouw en veeteelt in het Sahelgebied te lijden onder de twee catastrofale droogteperioden in de jaren zeventig en tachtig.

2 Halfnomadische herdersvolkeren leven in het noorden van Kameroen. De woonhuizen en graanschuurtjes zijn hoofdzakelijk rond en van steen of klei gemaakt.

3 Het Arabische volk Tubu woont in het noorden en oosten van Tsjaad. Op het Ennediplateau zijn de oudste Afrikaanse rotsschilderingen gevonden.

Kameroen, Centraal-Afrikaanse Republiek

*De zeldzame Afrikaanse **bosolifant** leeft in de regenwouden in West- en Centraal-Afrika. Hij wordt hoogstens 2,30 m. Deze zeer schuwe dieren werden pas in 1899 ontdekt. Ze onderscheiden zich van de steppeolifant door het feit dat ze aan de voorpoten vijf en aan de achterpoten vier tenen hebben. Bovendien zijn de vier ondersoorten niet voorzien van driehoekige, maar van ronde oren. Men schat dat er nog ongeveer 200.000 van die olifanten over zijn.*

komstig was van de **landbouw**, 23% van de **industrie** en 38% van de **dienstensector**.
Kameroen heeft een positieve handelsbalans. Tot de belangrijkste exportproducten behoren aardolie, koffie, hout en cacao.

Verkeer

Slechts 2800 km van het in totaal 71.000 km lange **wegennet** is geasfalteerd. Het **spoorwegnet** omvat 1115 km. Douala heeft de belangrijkste **zee-** en **luchthaven**.

Toerisme

De toeristische infrastructuur ontwikkelt zich langzaam. De beste periode om Kameroen te bezoeken is tussen november en april.

Centraal-Afrikaanse Republiek

Oppervlakte: 622.984 km²
Hoofdstad: Bangui
Staatsvorm: Presidentiële republiek
Administratieve indeling: 16 prefecturen, hoofdstad
Bevolking: 3,3 miljoen (6 inw./km²)
Talen: Frans, Sangho (officiële talen), Bantoe- en Sudantalen
Bruto Nationaal Product: € 377 per hfd
Munteenheid: 1 CFA-franc = 100 centimes

Landschap

Tussen het Tsjaadbekken in het noorden en het Kongobekken, een tropische laaglandstrook in het zuiden, strekt zich de **Noordequatoriale Rug** uit, een 500 tot 1000 m hoog heuvellandschap waar ook talrijke rivieren ontspringen. In het noordwesten en -oosten doemen respectievelijk het **Yadémassief** en het **Bongogebergte** op.

Klimaat

Het wisselvallig-vochtige tropische klimaat zorgt in het noorden voor een neerslaghoeveelheid van minder van 900 mm en voor een gemiddelde temperatuur van 22 tot 30°C, maar in de zomer kan het kwik stijgen tot 40°C. Het zuiden bereikt een gemiddelde temperatuur van 24 tot 28°C en neerslaghoeveelheden tussen de 1500 en 1800 mm. De droge savanne, met hier en daar een baobab en een waaierpalm, gaat in het zuiden over in de natte savanne. Langs de rivieren groeien galerijbossen en in het uiterste zuiden bevindt zich het altijdgroene tropisch regenwoud. Karakteristieke savannebewoners zijn olifanten, neushoorns, hyena's en antilopen. In de rivieren leven nijlpaarden en krokodillen, in de wouden talrijke apen- en halfapensoorten.

Bokassa, Jean-Bédel

* Bangui 22.2.1921
† Bangui 3.11.1996

De toenmalige stafchef van de Centraal-Afrikaanse Republiek nam in 1966 na een staatsgreep de macht over als staatspresident en voerde een onberekenbare dictatoriale politiek. In 1971 riep hij zichzelf uit tot president voor het leven en in 1976 tot keizer Bokassa I. Aan zijn schrikbewind werd in 1979 een einde gemaakt. Toen hij na zijn ballingschap terugkeerde, werd hij ter dood veroordeeld, maar kreeg later gratie.

Bevolking

De belangrijkste etnische bevolkingsgroepen zijn de **Banda** (30%), de **Gbaya** (24%), de **Gbandi** (11%) en de **Azande** (10%). Naast de **Yakoma**, de **Bantoe** en andere volkeren is er een Europese minderheid. 57% van de bevolking hangt de natuurgodsdiensten aan, 35% is christen en 8% moslim. De gemiddelde levensverwachting is 49 jaar. Het analfabetisme bedraagt ongeveer 40%.

Geschiedenis en politiek

In de 18de en 19de eeuw verdween een groot deel van de oorspronkelijke bevolking als gevolg van de slavenhandel. Vanaf het einde van de 19de eeuw vestigden de Fransen zich als **koloniale macht** in het gebied dat nu Centraal-Afrikaanse Republiek heet en voegden het bij Frans Equatoriaal-Afrika. Na een in verschillende stappen opgezet, formeel proces met als doel de **onafhankelijkheidsstatus**, in 1960, volgde de ene militaire dictatuur de andere op. In 1966 greep kolonel **Jean-Bédel Bokassa** na een staatsgreep de macht en liet zich in 1977 tot keizer kronen. Met steun van Frankrijk vestigde hij een barbaars terreurregime. In 1979 werd hij politiek ten val gebracht. Hoewel de grondwet voorziet in vrije parlements- en presidentsverkiezingen, is het land nog steeds ver verwijderd van een democratische rechtsorde.

Economie

In 1996 bedroeg het bruto nationaal product 1,137 miljard euro, waarvan 53% afkomstig was van de **landbouw**, 21% van de **industrie** en 26% van de **dienstensector**. Tot de belangrijkste exportproducten behoren diamanten, koffie, hout en katoen.

Verkeer

5000 km van het 24.000 km lange **wegennet** is het hele jaar door begaanbaar. De rivier Oubangui is de belangrijkste verkeersader. Bangui heeft de **belangrijkste haven** en een internationale **luchthaven**

Centraal-Afrikaanse Republiek, São Tomé en Príncipe, Equatoriaal-Guinee

*De Afrikaanse **Pygmeeën** behoorden tot de eerste volkeren die zich in het Kongobekken vestigden. Met een lichaamslengte van minder dan 1,52 m zijn ze hoe dan ook het kleinste volk. Tegenwoordig leven er nog 150.000 tot 200.000 van deze mensen.*

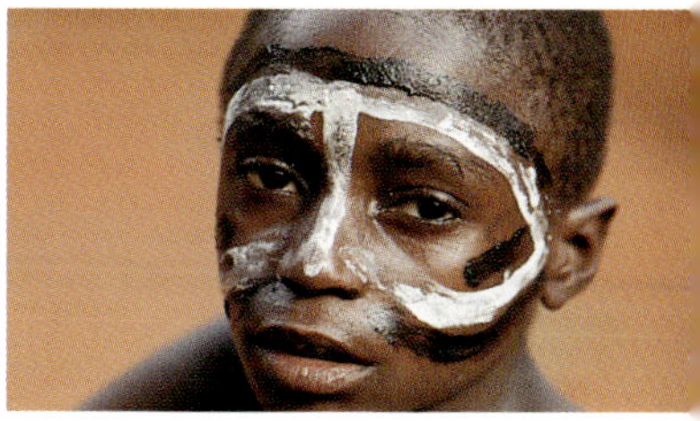

Toerisme

Ondanks de drie nationale parken beperkt het toerisme zich tot het organiseren en leiden van jachtsafari's.

São Tomé en Príncipe

Oppervlakte: 1001 km²
Hoofdstad: São Tomé
Staatsvorm: Republiek
Administratieve indeling: district São Tomé, het eiland Príncipe (autonome status)
Bevolking: 129.000 (129 inw./km²)
Talen: Portugees (officiële taal), Crioulo
Bruto Nationaal Product: € 388 per hfd
Munteenheid: 1 dobra = 100 céntimos

Landschap

De twee belangrijkste eilanden São Tomé en Príncipe, alsook de tot het grondgebied behorende kleinere, onbewoonde eilanden, zijn van vulkanische oorsprong. Terwijl de **Pico de São Tomé** 2024 m hoog is, zorgt de hoogste berg op Príncipe, met slechts 948 m, voor een wanklank.

Klimaat

Het tropisch-warme **regenklimaat** zorgt voor een gemiddelde temperatuur van 25 tot 30°C. Boven de 800 m daalt het kwik naar 20°C Gemiddeld valt er in de regentijd – van oktober tot april – 4000 tot 5000 mm in het zuidwesten, in het noorden echter slechts 1000 mm. Met uitzondering van de gerooide gebieden ten behoeve van de cacaoplantages is het altijdgroene **regenwoud** nog voor een groot deel behouden gebleven.

Bevolking

In de periode dat de Europeanen het land ontdekten, waren de eilanden onbewoond, waardoor de bevolking hoofdzakelijk is samengesteld uit **nazaten van vroegere slaven** uit heel Afrika. Er wonen **mulatten** en wat Portugezen. Naast 93% katholieken en 3% protestanten bestaan er kleine groepen die diverse natuurgodsdiensten aanhangen. De gemiddelde levensverwachting is ongeveer 64 jaar. Het analfabetisme bedraagt 40%.

Geschiedenis en politiek

Nadat de **Portugezen** omstreeks 1420 de eilanden hadden ontdekt, begonnen ze met cacaoplantages waar de slaven werden tewerkgesteld. **Cacao** bleef de belangrijkste economische factor, ook nadat de eilanden onafhankelijk werden van Portugal. Door de grondwet uit 1990 worden er elke vier jaar parlements- en elke vijf jaar rechtstreekse presidentsverkiezingen gehouden. Stemrecht vanaf 18 jaar.

Economie

Het land is in grote mate afhankelijk van de wereldprijzen voor cacao en het kapitaal van de donorlanden Portugal en Frankrijk. In 1996 bedroeg het bruto nationaal product 50 miljoen euro, waarvan 25% afkomstig was van de **landbouw**, 18% van de **industrie** en 57% van de **dienstensector**.

Verkeer

Het **wegennet** is in totaal ongeveer 300 km lang. Tussen de beide hoofdeilanden varen regelmatig **schepen**. In de buurt van de hoofdstad bevindt zich een internationale **luchthaven**.

Toerisme

In 1996 arriveerden slechts ca. 2000 toeristen in het land. Beste reistijd is van juni tot augustus.

Equatoriaal-Guinee

Oppervlakte: 28.051 km²
Hoofdstad: Malabo
Staatsvorm: Presidentiële republiek
Administratieve indeling: 7 provincies
Bevolking: 410.000

1 In Equatoriaal-Guinee wordt de brandstofvoorziening nog steeds met het verzamelen van hout gewaarborgd.

2 Kameroen stimuleerde de exportgerichte verbouw (tegenwoordig ook op kleine bedrijven) van koffie, cacao, katoen en bananen op de plantages.

3 De landbouw in de Centraal-Afrikaanse Republiek kan in de eigen behoefte voorzien. Er vindt vooral export plaats van koffie, katoen, vee en tabak.

4 In het zuiden van de Centraal-Afrikaanse Republiek vormt de Oubangui de grens met de Democratische Republiek Kongo.

*Een medicijnman in Kongo praat met een **fetisj**. Een fetisj is een voorwerp waarin een bovennatuurlijke macht huist. In West- en Centraal-Afrika zijn fetisjen wijdverbreid. Vooral maskers en sculpturen, waarin de machtige voorvaderen hun werk doen, genieten bijzondere verering. De praktijk van de medicijnmannen is gebaseerd op de vooronderstelling dat er overal bovennatuurlijke krachten werkzaam zijn. Krachten waar de mens van afhankelijk is en die hij voor zijn eigen doeleinden kan gebruiken.*

(15 inw./km^2)
Talen: Spaans (officiële taal), Pidginengels, Bantoetalen
Bruto Nationaal Product: € 422 per hfd
Munteenheid: 1 CFA-franc = 100 centimes

Landschap

De staatsnaam is misleidend, aangezien het land ongeveer 200 km ten noorden van de evenaar ligt. De vastelandprovincie **Mbini** bestaat uit een kustvlakte en een tot 1200 m hoog gebied in het binnenland. De eilanden **Bioko** en **Pagalu** zijn bergachtig en vormen samen de eilandprovincie Bioko in de Golf van Guinee.

Klimaat

Het tropische **regenklimaat** zorgt voor een gemiddelde jaartemperatuur van 25°C en een gemiddelde neerslaghoeveelheid van 2000 mm, dat plaatselijk kan oplopen tot 4000 mm. Achter de mangroven in het kustgebied bevindt zich landinwaarts het tropisch regenwoud en in de hogere gebieden de savannen. Op Bioko heeft de oorspronkelijke vegetatie plaatsgemaakt voor cultuurgrond. Pas vanaf 600 m is er weer grasland en bos te vinden. Op Pagalu groeien kokos- en oliepalmen. Terwijl er op de eilanden zeer weinig diersoorten leven, treft men in Mbini nijlpaarden, krokodillen, luipaarden en apen aan.

Bevolking

80% van de bewoners is **Bantoe**. Verder is 10% **Bubi** en vormen de **halfbloeden** en **blanken** een minderheid. 99% is katholiek. De gemiddelde levensverwachting is ongeveer 50 jaar. Het analfabetisme bedraagt 50%.

Geschiedenis en politiek

Aan de vanaf 1472 bestaande heerschappij van de **Portugezen** kwam pas in 1778 een einde door de Spanjaarden die in het midden van de 20ste eeuw Bioko en het omstreeks 1900 verworven vastelandgebied Rio Mini samenvoegden. Na de **onafhankelijkheid** regeerde **Francisco Macías Nguema** en bediende zich van terreur en onderdrukking. Na diens politieke val en zijn executie in 1979 stelde zijn neef luitenant-kolonel **Teodoro Obiang Nguema Mbasogo** liberale hervormingen in het vooruitzicht. Maar ook hij toonde zich een machtsbezeten dictator. Na de grondwet uit 1991 worden er elke vijf jaar rechtstreekse parlements- en elke zeven jaar directe presidentsverkiezingen gehouden. Stemrecht vanaf 21 jaar.

Economie

In 1996 bedroeg het bruto nationaal product 241 miljoen euro, waarvan 47% afkomstig was van de **landbouw** en 7% van de **industrie**.

Verkeer

Op Bioko is een **wegennet** dat in totaal slechts 180 km omvat. Op het vasteland gaat het om ongeveer 1500 km. De wegen zijn evenwel voor het grootste deel niet het hele jaar door begaanbaar.
Tussen de eilanden bestaat een regulier **lucht-** en **scheepvaartverkeer**. Bij Malabo en Bata bevinden zich de belangrijkste **zee-** en **luchthavens**.

Toerisme

Een toeristische infrastructuur is zo goed als niet aanwezig. De beste reistijd is tussen december en februari.

Gabon

Oppervlakte: 267.667 km^2
Hoofdstad: Libreville
Staatsvorm: Presidentiële republiek
Administratieve indeling: 9 provincies
Bevolking: 1,1 miljoen (4 inw./km^2)

In Kongo bieden marktvrouwen de spijsolie in aparte flesjes aan.

Talen: Frans (officiële taal), Bantoetalen
Bruto Nationaal Product: € 3877 per hfd
Munteenheid: 1 CFA-franc = 100 centimes

Landschap

Het land wordt bepaald door de Ogooué en de bijrivieren die zich een weg banen door bekkens en dalen van een **hooglandplateau** dat bij het Afrikaanse schild hoort. Het tot 200 km brede kustlaagland glooit over een uitloper van de Neder-Guinee naar een hoogte van 890 m. **Mount Iboundi**, in het centrale Chaillu-massief, is de hoogste berg van het land. De 800 m lange kust bestaat in het zuiden uit lagunen en landtongen en in het noorden uit delta's, baaien en trechtermondingen van verscheidene rivieren.

Klimaat

Het vochtig-warme **tropische klimaat** veroorzaakt slechts geringe temperatuurschommelingen. De gemiddelde maandtemperatuur bedraagt 26°C aan de kust en 24°C in het binnenland. Er zijn twee regentijden, één van oktober tot december, de andere regenperiode duurt van januari tot mei.
In het noordwesten bedraagt de gemiddelde neerslaghoeveelheid 4000 mm, in de zuidelijke kustgebieden 2500 mm en in het binnenland ongeveer 1700 mm. Drie vierde deel van het land bestaat uit tropisch **regenwoud**. De kap heeft de oorspronkelijk dichtbegroeide vegetatie gedeeltelijke in een secundair bos veranderd. Aan de kust en in de rivierdalen strekken zich tegenwoordig weidse **graslanden** uit. Het Batéképlateau kenmerkt zich door een uitgestrekte, droge savanne. In Gabon leven diverse apen- en talrijke vogelsoorten, olifanten, antilopen, buffels, krokodillen, slangen en nijlpaarden.

Bevolking

In Gabon wonen ongeveer 40 etnische bevolkingsgroepen. 52% is katholiek, 40% hangt de natuurgodsdiensten aan en 8% is protestant. De gemiddelde levensverwachting is ongeveer 55 jaar. Het analfabetisme bedraagt 37%.

Geschiedenis en politiek

Nadat de Portugezen het land hadden ontdekt, dreven verscheidene **koloniale machten** uit Europa aan de kust en langs de bevaarbare gedeelten van de rivieren een bloeiende handel in edel hout, ivoor en slaven. In 1886 werd Gabon een Franse kolonie en in 1910 een deel van Frans Equatoriaal-Afrika.
Ook na de **onafhankelijkheid** in 1960 bleef de rijkdom van het land grotendeels in buitenlandse handen. Niettemin genoot Gabon van een hoge mate aan politieke stabiliteit.
Het eenpartijstelsel werd door een in 1995 gewijzigde grondwet uit 1991 veranderd in een meerpartijenstelsel. Het parlement, de senaat en het staatshoofd zijn elke vijf jaar rechtstreeks verkiesbaar. Stemrecht vanaf 21 jaar.

Economie

In 1996 bedroeg het bruto nationaal product 4,937 miljard euro, waarvan 7% afkomstig was van de **landbouw**, 55% van de **industrie** en 38% van de **dienstensector**. De **olieproductie** vormt de belangrijkste economische factor en maakt met 88% het leeuwendeel uit van de exportinkomsten.

Verkeer

Slechts ongeveer 600 km van het 7500 km lange **wegennet** is geasfalteerd. Libreville en Franceville zijn met elkaar verbonden door een 648 km lange **spoorlijn**. Internationale **luchthavens** bij Port-Gentil en Libreville.

Tourisme

Gabon is in toeristisch opzicht nauwelijks ontsloten. De beste reistijd is tussen juli en december en rond de jaarwisseling.

Kongo

Oppervlakte: 342.000 km^2
Hoofdstad: Brazzaville
Staatsvorm: Republiek
Administratieve indeling: 9 departementen en 4 stadsarrondissementen
Bevolking: 2,63 miljoen (8 inw./km^2)
Talen: Frans (officiële taal), Bantoetalen
Bruto Nationaal Product: € 755 per hfd
Munteenheid: 1 CFA-franc = 100 centimes

*In het **oerwoud Ituri** – in de Democratische Republiek Kongo – zijn de rituelen van weleer behouden gebleven. Aldus beschilderen de vrouwen van de Epulustam voor de menstruatieceremonies gedeelten van hun gezicht, en de Ngoli-Ngoli beschilderen hun lichaam met kalk en houtskool.*

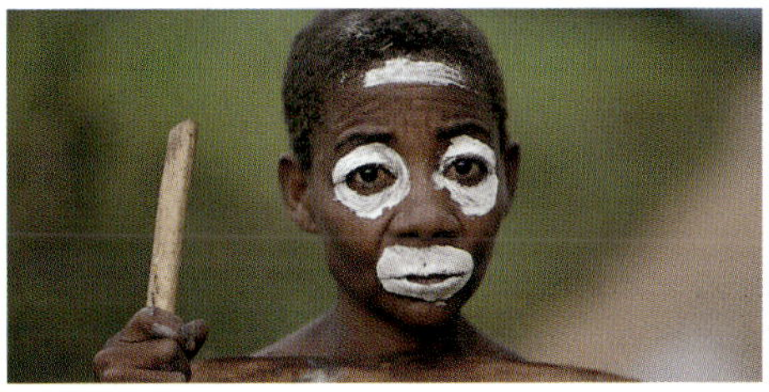

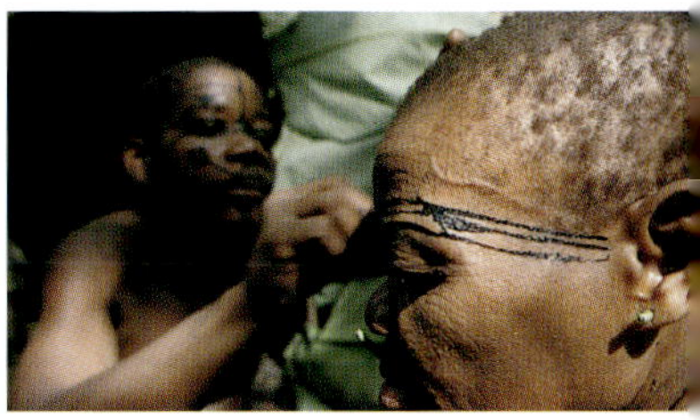

Landschap

De ongeveer 50 km brede kuststrook is in het noorden zanderig en in het zuiden moerassig. Het Bergland van Mayombé heeft toppen tot 800 m en gaat achter het Niaridal over in het **Batéké-plateau**; deze hoogvlakte wordt geflankeerd door de Monts de la Lékéti met bergen van meer dan 1000 m hoog. Het **Kongobekken** in het noordoosten neemt het grootste deel van het grondgebied in beslag. De Kongo en de bijrivieren vormen hier een overstromingsgebied van ongeveer 100.000 km².

Klimaat

In het noorden heerst een tropisch-vochtig klimaat met een nagenoeg constante gemiddelde temperatuur van 25°C en neerslaghoeveelheden tussen de 1500 en 1900 mm, die in de beide regentijden tussen januari en mei en van oktober tot december worden bereikt. In het zuiden schommelt de temperatuur tussen de 22 en 27°C. De neerslaghoeveelheid van gemiddeld 1300 mm valt vooral in maart en november.
Aan de kust groeien mangroven en in de bergen, alsook in het hoogland, zijn natte savannen te vinden die ten noorden van de Alima vaak zijn overstroomd. Het Kongobekken is het grootste **regenwoudgebied** van Afrika. Tot de karakteristieke bewoners van het regenwoud behoren chimpansees en gorilla's, terwijl op de savannen antilopen, buffels, olifanten, luipaarden, giraffen en hyena's leven.

Bevolking

De bevolking van Kongo is grotendeels samengesteld uit **Bantoe-volkeren**. 52% is **Ba-** en **Vili-Kongo**. Verder is 24% **Bateke** en **Bavili**, en 12% **M'Boshi**. Daarnaast zijn er minderheden, bestaande uit Téké, Sanga, Pygmeeën, Ubangi-volkeren en Europeanen. De gemiddelde levensverwachting is ongeveer 51 jaar. Het analfabetisme bedraagt 25%. De helft van de Kongolezen is katholiek, de andere helft bestaat uit aanhangers van natuurgodsdiensten. Ook wonen er protestantse en islamitische minderheden.

Geschiedenis en politiek

Toen de Portugezen in 1482 het mondingsgebied van de Kongo ontdekten, hadden de koninkrijken **Kongo** en **Loanga** de macht in het binnenland in handen en participeerden in de slavenhandel van de koloniale machten uit Europa. In 1880 bracht de ontdekker **Pierre Savorgnan de Brazza** het gebied onder controle van de Fransen.
Na de **onafhankelijkheid** in 1960 wisselde de ene militaire regering de andere af. Vanaf 1970 volgde **Marien Ngouabi** in nauwe samenwerking met de Sovjet-Unie een radicale linkse koers. Nadat hij was vermoord, kwam in 1977 een militaire raad aan de macht. Ondanks de goede betrekkingen met het Oostblok bleven de nauwe economische banden met Frankrijk bestaan.
In 1991 veranderde de officiële staatsnaam 'Volksrepubliek Congo' opnieuw in 'Republiek Kongo', compleet met een nieuwe vlag en een nieuw volkslied. Na de goedkeuring van een nieuwe grondwet hield men in augustus 1992 presidentsverkiezingen, waaruit **Pascal Lissouba** als winnaar tevoorschijn kwam. Na gewapende conflicten tussen regeringstroepen en milities van de oppositie werd Lissouba in 1997 door aanhangers van **Sassou-Nguessos** ten val gebracht. In 1998 gaf de nieuwe president een comité de opdracht een nieuwe grondwet te maken, maar sinds januari 1999 heeft het wapengekletter opnieuw de overhand.

Economie

In 1996 bedroeg het bruto nationaal product 2,014 miljard euro, waarvan 10% afkomstig was van de **landbouw**, 38% van de **industrie** en 52% van de **dienstensector**. Ruwe olie is de belangrijkste economische factor en tegelijk het belangrijkste exportproduct.

1 Het regenwoud in het uitgestrekte Kongobekken neemt het grootste deel van Kongo in beslag.

2 Kongo – naast de verbouw van koffie, cacao, maniok, rijst, palmpitten, suikerriet en aardnoten speelt tegenwoordig ook de visvangst een rol.

3 Tussen Kisangani en Kinshasa is de Kongo, een belangrijke waterweg, voor alle soorten boten opengesteld.

4 De economie in Kongo is de crisis uit de jaren tachtig nog niet te boven. Het aanbod op de dorpsmarkten is nog steeds karig.

Kongo, Democratische Republiek Kongo

*Van de Afrikaanse **regenwouden** zijn in grote gebieden alleen nog veeleer kleine gedeelten behouden gebleven. Ten behoeve van de akkerbouw werden veel bossen gerooid. Bovendien worden ook tegenwoordig nog altijd veel waardevolle hardhoutbomen voor de houtbewerking gekapt. De gewetenloze kap heeft nadelige gevolgen voor de fauna. Van de talrijke diersoorten die vroeger in de regenwouden leefden, is hun leefmilieu afgenomen en worden door uitsterven bedreigd.*

Verkeer

Slechts ongeveer 550 km van het in totaal 11.000 km lange **wegennet** is geasfalteerd. De twee **spoorlijnen** hebben een totale lengte van 800 km. Belangrijk voor het vervoer zijn ook de 2600 km lange en het hele jaar door bevaarbare **vaarwegen**. Bij Pointe Noire en Brazzaville bevinden zich internationale **luchthavens**.

Toerisme

De instabiele politieke situatie maakt het land niet aantrekkelijk voor toeristen. Vandaar dat de politieke infrastructuur slecht ontwikkeld is. De aangenaamste reistijd is van juni tot september.

Democratische Republiek Kongo

Oppervlakte: 2.344.885 km²
Hoofdstad: Kinshasa
Staatsvorm: Presidentiële republiek
Administratieve indeling: 10 departementen, 1 arrondissement (hoofdstad)
Bevolking: 43,9 miljoen (19 inw./km²)
Talen: Frans
Bruto Nationaal Product: € 233 per hfd
Munteenheid: 1 Kongolese franc = 100 centimes

Mobutu Sese Seko

* Lisala 14.10.1930
† Rabat 7.9.1997

In 1960 kwam de stafchef van de 'Force Publique' in Zaïre door een staatsgreep aan de macht. Toen Masavubu weer was ingezet, behield hij het opperbevel over de strijdkrachten. In 1965, na een staatsgreep, maakte hij zichzelf tot alleenheerser. Na een langdurige, bloedige burgeroorlog werd hij in mei 1997 ten val gebracht.

Landschap

De monding van de Kongo kenmerkt de relatief kleine kustvlakte, waarachter een smalle strook volgt die het binnenland met de Atlantische Oceaan verbindt. Het grootste deel van het grondgebied bestaat uit regenwoud in het **Kongobekken**. In het noorden zijn uitgestrekte grassavannen te vinden. De oostgrens wordt gevormd door vulkanisch gebergte (Ruwenzori, met de 5119 m hoge Margherita) en het **Tanganjikameer**.

Klimaat

Het **tropische klimaat** zorgt het hele jaar door voor een constante temperatuur van gemiddeld ongeveer 25°C en een neerslaghoeveelheid van 2000 mm. In het zuiden schommelt de temperatuur duidelijker, en er valt vooral tussen september en mei tussen de 1200 en 1500 mm. In het Kongobekken is die typische **regenwoudflora** en -fauna te vinden in een relatief oorspronkelijk milieu. Daar gedijen tussen de 8000 en 10.000 plantensoorten in een complex **ecosysteem**. Het regenwoud is als gevolg van de commerciële bosbouw tot dusver uitsluitend in kleine gebieden tot een secundair bos gedegenereerd. Onder de 600 houtsoorten zijn talrijke soorten **edel hout** te vinden. Aldus bestaan er tegenwoordig nog grote bestanden aan baobabs, mahonie-, Afrikaanse walnoot- en limbabomen. Bovendien groeien er rode ceders, iroko's en sabalpalmen. Naarmate men verder van de evenaar is verwijderd, verandert het landschap in savannen en grasvlakten.
In de **bergstreken** in het oosten bevinden zich berg- en nevelbossen, in de overstromingsgebieden bepalen uitgestrekte **moerassen** het landschap.
De soortrijke dierenwereld wordt vooral in de zeven grote **nationale parken** beschermd. Tot de bewoners van het regenwoud behoren okapi's, gorilla's en chimpansees. Op de savannen leven zebra's, leeuwen, olifanten, buffels, de breedneusrinoceros en giraffen. In de rivieren bevinden zich nijlpaarden, krokodillen en talrijke vissoorten, in het bijzonder de bonte baars. De vogelwereld is zeer divers.

Hutten met strodaken op de hellingen van de Ruwenzori.

Bevolking

Van de ongeveer 250 etnische volkeren zijn de **Bantoe-volkeren** het sterkst vertegenwoordigd. Verder zijn er de **Luba** (18%), de **Kongo** (16%), de **Mongo** (13%) en de **Rwanda** (10%). Ook wonen er verschillende Sudan-volkeren, Pygmeeën en Europeanen.
42% van de bevolking is katholiek. Daarnaast is 35% protestant en 15% hangt andere christelijke geloofsrichtingen aan. Verder is 2% moslim en zijn er aanhangers van de natuurgodsdiensten. De gemiddelde levensverwachting is ongeveer 53 jaar. Het analfabetisme bedraagt 33%. In de steden woont 29% van de bevolking.

Geschiedenis en politiek

Hoewel de **Portugezen** het gebied dat tegenwoordig Kongo heet al in 1482 ontdekten, bleven de Afrikaanse rijken van de Kongo, de Luba, de Kunda en de Lunda tot in het midden van de 19de eeuw stabiel. In 1885 ontstond na de 'Congo-conferentie' de 'onafhankelijke staat Congo', feitelijk het privé-bezit van de Belgische **koning Leopold II**. De slavenhandel werd afgeschaft. Uiteindelijk werd het gebied in 1908 een Belgische kolonie. In de Eerste Wereldoorlog veroverden de Kongolese troepen aan de zijde van de geallieerden het gebied Rwanda-Urundi dat in 1919 door de Volkerenbond aan België werd toegewezen.
Na de **onafhankelijkheid** in 1960 waren coups, politieke moorden, telkens opkomende afscheidingspogingen en een corruptie die alle lagen van het politieke en economische leven beïnvloedde aan de orde van de dag. In 1965 kon **Sese Seko Mobutu** definitief alle verzetsgroepen in de hand houden en richtte hij een autoritair, corrupt terreurregime op, waarbij in grote delen van het grondgebied de bevolking in bittere armoede leefde, ondanks het feit dat het land rijk was. **Patrice Lumumba**, zijn meest prominente tegenspeler, werd op 12 februari 1961 in tot dusver onopgehelderde omstandigheden vermoord. Mobutu gaf het land de naam **Zaïre** en hield de macht meer dan 30 jaar vast. Na een langdurige burgeroorlog bracht **Laurent-Désiré Kabila** de ernstig zieke dictator in 1997 politiek ten val en veranderde de naam Zaïre in Democratische Republiek Kongo. Kabila liet een grondwet naar het voorbeeld van de Verenigde Staten maken, maar de beloofde democratische hervormingen bleven uit. Arrestaties, politieke moorden en gewapende conflicten tussen diverse stammilities zijn nu weer schering en inslag.

Economie

Ondanks de rijke **bodemschatten** behoort het land tot de armste staten ter wereld. Een geplande monetaire hervorming, alsook privatiserings- en coöperatieplannen, werden niet gerealiseerd. Er bestaat niet eens een acceptabele begroting ten behoeve van de buitenlandse investeerders.
In 1996 bedroeg het bruto nationaal product 5,857 miljard euro, waarvan 59% afkomstig was van de slecht ontwikkelde **landbouw**, 15% van de **industrie** en 26% van de **dienstensector**.
De import bestaat vooral uit machines, transportoutillage, halffabrikaten, voedingsmiddelen, chemische producten en brandstoffen. Export van onder meer diamanten, ruwe olie, koper, kobalt en koffie.

Verkeer

Het **spoorwegnet** is 5138 km lang, waarvan slechts 858 is geëlektrificeerd. Niet meer dan 2500 km van het 145.000 km lange **wegennet** is geasfalteerd. Internationale **luchthavens** bij Kinshasa, Lumbumbashi, Bukavu, Goma en Kisangani.

Toerisme

Vanwege de chaotische politieke situatie kon er tot dusver geen noemenswaardige toeristische infrastructuur worden ontwikkeld. De beste reistijd in de gebieden ten noorden van de evenaar is van december tot januari. Ten zuiden van de equator zijn dat de maanden juni en juli.

Krijgsheren en kindsoldaten

Ook in Angola worden kinderen als soldaat ingezet.

Sinds het einde van de Koude Oorlog is de aard van de conflicten in de Afrikaanse landen fundamenteel veranderd. Er traden politieke functionarissen naar voren die zich door persoonlijke verrijking of om een veelal etnisch gedefinieerde clientèle te begunstigen een roofeconomie op poten zetten, compleet met de gedwongen rekrutering van strijders, onder wie veel kinderen.

De Afrikaanse krijgsheren kunnen zich vooral in die gebieden handhaven waar de staat het geweldsmonopolie heeft moeten prijsgeven. Ze financieren hun organisaties door plunderingen en handel in geroofde goederen. De krijgsheer is een charismatische leider en rekruteert zijn bewapende volgelingen met repressieve methoden, waarbij bruut geweld vaak gepaard gaat met drugs, initiatieriten en ritueel kannibalisme. Bijzonder tragisch is het lot van de kinderen in die gewelddadige gebieden. In Afrika zijn tegenwoordig in totaal misschien wel 120.000 kinderen onder de wapenen. De inzet van deze kindsoldaten heeft voor de cynische krijgsheren vooral 'praktische' redenen – de kinderen hebben minder kleding en voeding nodig, maken minder aanspraken wanneer de buit wordt verdeeld en worden in mijnenvelden gestuurd om begaanbare corridors tot stand te brengen. Bovendien zijn ze aanzienlijk makkelijker te manipuleren.

Boven: Kindsoldaten van de SLA, de Sierra Leone Army.

Rechts: Veel kinderen uit het vroegere Zaïre zijn omgeschoold tot barbaarse moordenaars.

Een kameelkaravaan transporteert zoutblokken uit het ***Assalmeer*** *in Djibouti. Deze zoutzee – 155 m onder de zeespiegel, aan de rand van de kustvlakte – is het laagste punt van Afrika. De zoutvoorraden van Djibouti behoren tot de grootste op aarde.*

Sudan

Oppervlakte: 2.505.813 km²
Hoofdstad: Khartoum
Staatsvorm: Republiek
Administratieve indeling: 26 provincies
Bevolking: 27,4 miljoen (12 inw./km²)
Talen: Arabisch (officiële taal), Engels, hamitische en nilotische talen
Bruto Nationaal Product: € 444 per hfd
Munteenheid: 1 Sudanese pond = 100 piaster

Landschap

Sudan heeft het grootste grondgebied van Afrika. Het bestaat uit een vlak bekkenlandschap met slechts hier en daar enkele eilandbergen. De hoogste berg is de in het zuiden gelegen Kinyeti (3187 m). De Sudd, het grootste moeraslandschap, is een overstromingsgebied van de **Witte Nijl** en vormt een scheiding tussen het noorden en het zuiden van het land. De Nijlvallei is voor 60% van de bevolking de belangrijkste economische streek.
Nagenoeg een derde van het land bestaat uit vegetatieloze zandwoestijn. In zuidelijke richting bevinden zich de savannen en grassteppen. In de zuidelijk gelegen bergstreken liggen de regenwouden.

Klimaat

Het klimaat is voor het grootste deel continentaal-tropisch en gaat in het noorden over in een woestijnklimaat. Aan de Rode Zee stijgt het kwik tot boven de 50°C. In de gebieden rond de hoofdstad heerst de hoogste gemiddelde temperatuur (32°C) van het continent.

Bevolking

52% van de bevolking is samengesteld uit **nilotische volkeren** die zich in meer dan 500 verschillende etnieën opdelen. Van de totale bevolking is 39% van **Arabische afkomst** en 70% – ze leven hoofdzakelijk in het noorden – hangt de islam, de staatsreligie, aan. De christenen (slechts 10%) wonen voornamelijk in het zuiden en in Khartoum. Een vierde deel van de Sudanezen hangt een van de natuurgodsdiensten aan.
De officiële taal is Arabisch en wordt door meer dan 50% van de bevolking als moedertaal gesproken, terwijl de andere helft taalkundig verdeeld is over meer dan 100 talen uit de overwegend nilotische taalfamilie.

Geschiedenis en politiek

De vroege geschiedenis van het huidige Sudan stond onder invloed van Egypte. Pas in de jaren 1000 v. C. ontstond het zelfstandige **koninkrijk Kusch**. Nadat de christelijke heersers in de 6de eeuw de macht overnamen, volgden aan het einde van de 13de eeuw de Arabische stammen die het land **islamiseerden**. Vanaf 1820 heersten Groot-Brittannië en Egypte in het gebied. In 1881 rebelleerde Muhammad Ahmad Ibn Abd Allaherst. Hij beschouwde zichzelf als de madi, maar in 1899 hadden de Britten de situatie weer onder controle.
In 1956 riep Sudan de **onafhankelijkheid** uit. Al in 1958 greep een militair regime de macht. Sinds 1983 heerst er als gevolg van eeuwenlange religieuze en politieke tegenstellingen een **burgeroorlog** tussen de Afrikaanse christenen in het zuiden en het islamitisch gedomineerde noorden. En aan de voortdurende **hongersnood** kon ook de in 1998 gemaakte parlementaire grondwet helaas niets veranderen, aangezien de uitzonderingstoestand werd opgelegd.

Economie

De landbouw, waarin 60% van de beroepsbevolking werkzaam is, bestaat grotendeels uit een **subsistentie-economie**. De belangrijkste exportproducten zijn katoen, aardnoten, sesam en oliezaden. Bovendien neemt Sudan wereldwijd 85% van de rubberproductie voor zijn rekening.
De veehouderij – de belangrijkste producten zijn vlees, huiden en vacht – is een nomadische activiteit.
De **industrie** is pas sinds 1956 met veel gezwoeg opgebouwd en zeer onderontwikkeld. Slechts 5% van de beroepsbevolking is erin werkzaam, waarbij het hoofdzakelijk om de verwerking van textiel gaat. De **dienstensector** is in economisch opzicht het belangrijkste en draagt voor 50% bij aan het bruto nationaal product.

Sudan: koranschool van de El-Sheik-Deffa-Allah-moskee in Omdurman.

Verkeer

Grote delen van het 11.610 km lange **wegennet** bestaat uit pistes, waardoor de buurstaten niet het hele jaar door bereikbaar zijn. Qua transport is de Nijl als **waterweg** van groot belang. Over een afstand van 5310 km is binnenscheepvaart mogelijk. De belangrijkste **haven** bevindt zich bij Port Sudan. Khartoum heeft de enige internationale **luchthaven**.

Toerisme

In het crisisgebied komen nauwelijks toeristen. Tot de cultuurhistorische bezienswaardigheden uit het oude Egypte behoren Dongulah en Karimah. Om de toch al sterk uitgedunde diersoorten te beschermen, kwamen er in het zuiden natuurreservaten. Toeristische stranden zijn te vinden aan de Rode Zee.

Eritrea

Oppervlakte: 121.144 km²
Hoofdstad: Asmara
Staatsvorm: Republiek
Administratieve indeling: 10 provincies
Bevolking: 3,6 miljoen (30 inw./km²)
Talen: Arabisch, Tigrinya (officiële talen)
Bruto Nationaal Product: € 127 per hfd
Munteenheid: 1 nafka = 100 cents

Landschap

De **Rode Zee** vormt de noordoostelijke grens van de kleine republiek. De smalle kustvlakte gaat in het noorden over in het **Abessijnse Hoogland**, waar de Soira met 3013 m de hoogste berg van het land is en om reden van de grote neerslaghoeveelheden een aangename temperatuur heerst. Daar bevindt zich tevens het belangrijkste woongebied.
Ten zuiden van de Danakil ligt een laagland met een grotendeels woestijnachtig karakter. Tot het grondgebied behoren ook de Dahlakeilanden in de Rode Zee.

Klimaat

De smalle kuststrook langs de Rode Zee hoort bij de warmste gebieden op aarde. Maar in het algemeen heerst een continentaal-tropisch klimaat. In het hoogland boven de 1000 m is het klimaat overal aangenaam, gematigd. De temperatuur in de hoofdstad is in januari 15°C en in juli 22°C.

Bevolking

50% van de bevolking is samengesteld uit **Tigrinya**, 40% uit **Tigrer** en **Kunama**, 4% uit **Afar** (nomaden) en 3% uit **Saho**. Van de bevolking is 50 procent soennitisch moslim, 50% hoort bij de Eritrees-orthodoxe kerk. In het achtergebleven land bedraagt het analfabetisme ongeveer 80%.

Geschiedenis en politiek

Van 1890 tot 1941 maakte het gebied dat nu Eritrea heet deel uit van het **Italiaanse grondgebied** en werd daarna door Groot-Brittannië bestuurd. Tien jaar lang bestond het als autonoom gebied binnen Ethiopië, waarna Eritrea als 14de provincie werd **geannexeerd**.
Een dertig jaar durende vrijheidsstrijd leverde Eritrea in 1993 de **onafhankelijkheidsstatus** als republiek op. De sinds 1991 regerende, voorlopige nationale raad werkt aan een democratische grondwet en een meerpartijenstelsel.

Economie

De burgeroorlog heeft met betrekking tot de **landbouw** bijzonder veel schade aangericht. Van de bevolking werkt 80% traditioneel als kleine boer. De agrariërs kunnen tegenwoordig slechts 20% van hun medeburgers met de verbouw van gierst, tarwe en peulvruchten van voedsel voorzien. Een ontwikkelingsprogramma moet de teelt van koffie en tabak voor de export stimuleren.
18% van het bruto nationaal product is terug te voeren op de **verwerkende industrie**, die goederen voor het dagelijks gebruik maakt. De mijnbouw (marmer, graniet) moet verder worden ontwikkeld. Tegelijk is de hoop gevestigd op buitenlandse investeerders die de opbouw van de infrastructuur zullen bespoedigen.

Verkeer

De totale infrastructuur is in ontwikkeling. Dat geldt zowel voor het in 1978 buiten bedrijf gestelde **spoorwegnet** als voor het hoofdzakelijk uit onverharde wegen bestaande **wegennet**. Massawa heeft de belangrijkste **haven**. Bij Asmara bevindt zich een internationale **luchthaven**.

*De economie van **Eritrea** had het zwaar te verduren door catastrofale droogte, hongersnood en de oorlog tegen Ethiopië. Toen het land in 1993 de onafhankelijkheid uitriep, was een groot deel van de bedrijven verwoest en lagen de akkers braak. Alleen met internationale hulp kon het ergste worden vermeden. Om de landbouw weer op gang te krijgen zijn talrijke projecten gestart. Aldus wordt er in Fode weer groenten verbouwd.*

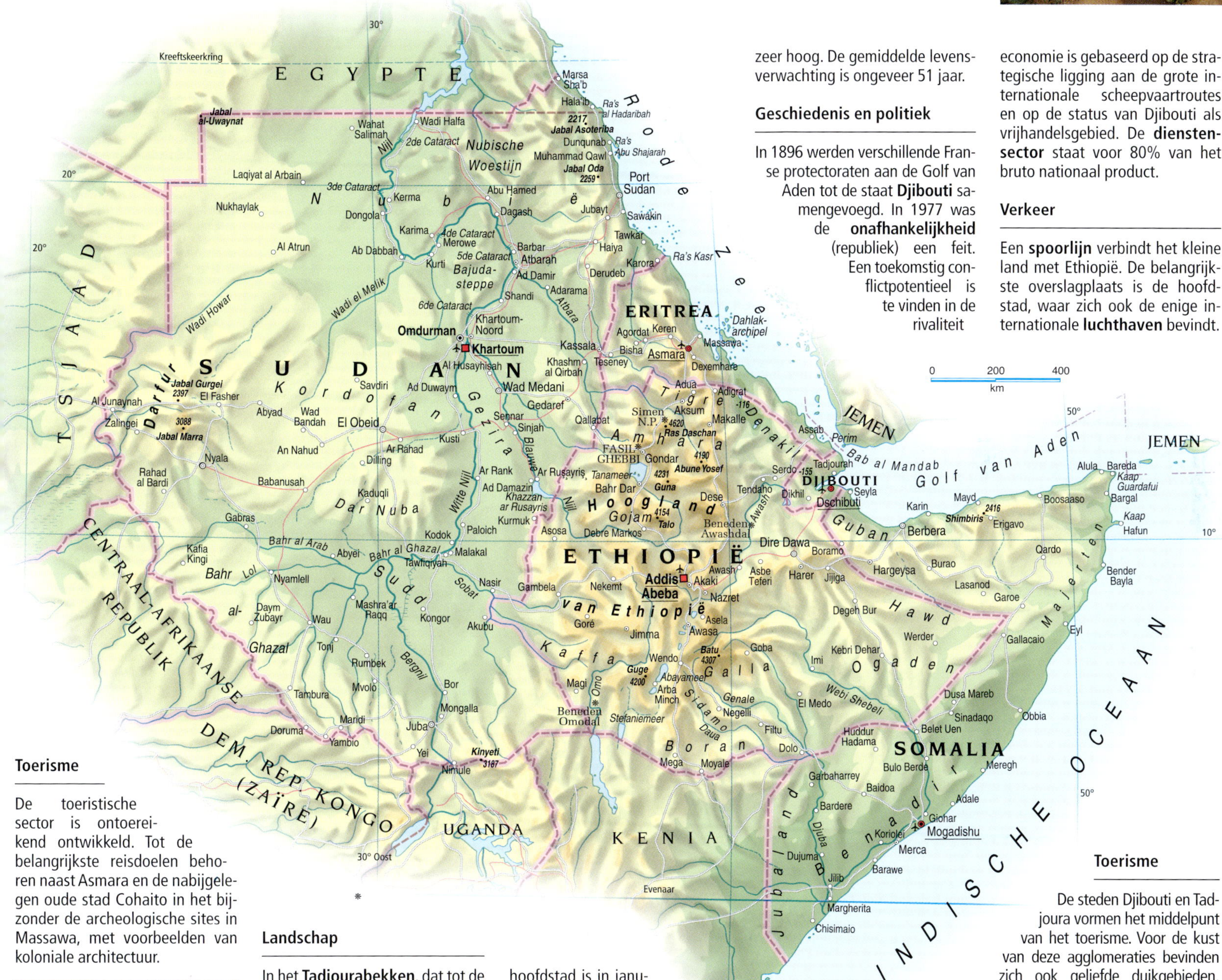

Toerisme

De toeristische sector is ontoereikend ontwikkeld. Tot de belangrijkste reisdoelen behoren naast Asmara en de nabijgelegen oude stad Cohaito in het bijzonder de archeologische sites in Massawa, met voorbeelden van koloniale architectuur.

Djibouti

Oppervlakte:	23.200 km²
Hoofdstad:	Djibouti
Staatsvorm:	Republiek

Administratieve indeling: 4 districten

Bevolking: 590.000 (26 inw./km²)

Talen: Frans, Arabisch (officiële talen), Koesjitische talen

Bruto Nationaal Product: € 805 per hfd

Munteenheid: 1 Djiboutifranc = 100 centimes

Landschap

In het **Tadjourabekken**, dat tot de warmste gebieden op aarde behoort, volgen in het binnenland zand- en steenwoestijnen (Assalmeer, 155 m onder de zeespiegel) en steppen die 95% van het grondgebied in beslag nemen. Aaneengesloten vegetatie is pas boven de 1200 m in de noordelijke uitlopers van de Danakil te vinden. In het hele land bevinden zich warme bronnen en actieve vulkanen. Er komen vaak aardbevingen voor.

Klimaat

Djibouti heeft een extreem warm klimaat met een zeer hoge luchtvochtigheid. De temperatuur in de hoofdstad is in januari ongeveer 26°C, in juli is het er gemiddeld 36°C.

Bevolking

De **Issa**, een Somalisch volk dat hoofdzakelijk in het zuiden van het land woont, is met 60% de grootste bevolkingsgroep. In het noorden wonen de **Afar** (35%). Tweederde van de bevolking, waarvan 94% moslim en 6% christen is, woont in de hoofdstad. De rest bestaat uit nomadische herders. De gezondheidszorg is nauwelijks ontwikkeld en de zuigelingensterfte is om die reden zeer hoog. De gemiddelde levensverwachting is ongeveer 51 jaar.

Geschiedenis en politiek

In 1896 werden verschillende Franse protectoraten aan de Golf van Aden tot de staat **Djibouti** samengevoegd. In 1977 was de **onafhankelijkheid** (republiek) een feit. Een toekomstig conflictpotentieel is te vinden in de rivaliteit tussen de beide grootste bevolkingsgroepen.

Economie

Als gevolg van de aard van het landschap en de regelmatig terugkerende droogte is het aandeel van de **landbouw** in het bruto nationaal product slechts ongeveer 2% De hoofdmoot van de voedingsmiddelen moet dus worden geïmporteerd. De verwerkende **industrie** draagt 18% bij aan het bruto nationaal product. De economie is gebaseerd op de strategische ligging aan de grote internationale scheepvaartroutes en op de status van Djibouti als vrijhandelsgebied. De **dienstensector** staat voor 80% van het bruto nationaal product.

Verkeer

Een **spoorlijn** verbindt het kleine land met Ethiopië. De belangrijkste overslagplaats is de hoofdstad, waar zich ook de enige internationale **luchthaven** bevindt.

Toerisme

De steden Djibouti en Tadjoura vormen het middelpunt van het toerisme. Voor de kust van deze agglomeraties bevinden zich ook geliefde duikgebieden. Vanuit de oasestad Dikhil vinden uitstapjes plaats naar het Nationaal Park Bara.

Ethiopië

Oppervlakte:	1.133.380 km²
Hoofdstad:	Addis Abeba
Staatsvorm:	Bondsrepubliek

Administratieve indeling: 9 departementen, hoofdstad

Bevolking: 56,4 miljoen (50 inw./km²)

Talen: Amhaars (officiële taal), 70 andere talen en dialecten

*In het zuidwesten van **Somalia** is de droge savanne heer en meester. Hier is veeteelt te vinden. Akkerbouw vindt plaats in de rivierdalen van de Giuba en de Scebeli. Het water van de laatstgenoemde rivier sijpelt weg in de 10 tot 50 km brede duinstrook aan de zuidkust.*

Bruto Nationaal Product:
€ 111 per hfd
Munteenheid: 1 birr = 100 cents

Landschap

Ethiopië bestaat uit een hooggebergte met toppen tot 4620 m (Ras Dasjan). De **Oost-Afrikaanse Slenk** deelt het hoogland in tweeën. In het noorden mondt deze uit in de Danakildepressie (125 m). Daar bevinden zich meren en enkele ook tegenwoordig nog actieve vulkanen. In de richting van Sudan glooit het gebergte tamelijk steil naar beneden.

Klimaat

Woestijnen en droge savannen kenmerken het landschap in het extreem droge noorden van het land. In het zuidwesten bevindt zich regenwoud en een soortrijke fauna (neushoorns, olifanten, buffels, en talrijke vogel- en reptielensoorten). De temperatuur in de in het hoogland gelegen hoofdstad schommelt tussen de 10 en 21°C.

Bevolking

De Ethiopische bevolking is samengesteld uit 80 verschillende volkeren; de **Oromo** (40%), de **Amharen** en de **Tigrinya** (32%) vormen de grootste groepen. 45% is islamitisch en 40% Ethiopisch-orthodox. Verder wonen er minderheden. Als gevolg van een gebrekkige gezondheidszorg en belabberde hygiënische toestanden – waaronder grote delen van de bevolking te lijden hebben – is de gemiddelde leeftijd slechts ongeveer 50 jaar. De zuigelingensterfte is navenant hoog.

Geschiedenis en politiek

Het eerste legendarische rijk van de **koningin van Saba** werd in de 1ste eeuw opgevolgd door het machtige **Aksum**, dat meer dan 1000 jaar bestond, al in de 4de eeuw werd gekerstend en vervolgens elke poging tot islamisering weerstond. Na de teloorgang van het rijk van de **Negusse**. vormde die in de 19de eeuw opnieuw een machtige staat die de kolonisatie met succes het hoofd bood.
Na het afdanken van de laatste keizer, in 1974, kwam er een socialistische volksrepubliek. De leider werd in 1991 ten val gebracht. Na een oorlog, die 30 jaar duurde, was de voormalige kustprovincie **Eritrea** in 1993 onafhankelijk. Met de nieuwe grondwet uit 1994 als basis deelde men het land in federale etnische staten in. De conflicten tussen de talrijke bevolkingsgroepen, de oorlog tegen Eritrea en de enorme armoede vormen de grootste problemen die toekomstige politieke stabiliteit in de weg staan.

Economie

De **landbouw** is goed voor pakweg de helft van het bruto nationaal product en vormt de bestaansbasis van 80% van de bevolking, maar kan nauwelijks de benodigde hoeveelheid graan en peulvruchten leveren. Droogte en een catastrofale hongersnood bezoeken het land regelmatig. Koffie is het belangrijkste exportproduct. De zeer gebrekkig ontwikkelde **industrie** produceert voor de binnenlandse markt en is aangewezen op de landbouwproductie. Daar komt bij dat de grotere bedrijven nog steeds in handen van de staat zijn.

Haile Selassie

Ras Tafari Makonnen
* Edscharsa 23.6.1892
† Addis Abeba 27.8.1975
Sinds 1916 was hij de 'troonopvolger' en in 1928 riep de kleinzoon van Menelik zichzelf uit tot negus (koning) van Abessinië. Als keizer gaf hij in 1931 de eerste grondwet aan Ethiopië en ging tijdens de bezetting door Italië in ballingschap in Engeland. In 1941 besteeg hij opnieuw de troon. En in 1974 werd hij door een tijdelijk militair regime onttroont.

Verkeer

De enige **spoorlijn** loopt van Djibouti naar Addis Abeba. Van het **wegennet**, dat Ethiopië grotendeels ontsluit, is slechts een zeer klein deel geasfalteerd.
De **havens** van Eritrea vormen de toegang naar de zee. Internationale **luchthavens** bij de hoofdstad en Dire Dawa.

Toerisme

Naast het landschap en de dierenwereld in de nationale parken (Omo, Awash, Bale) horen de ruïnes van het oude Aksum, de christelijke plaatsen aan het Tanameer en in Lalibäla tot de meest bezienswaardige trekpleisters.

Somalia

Oppervlakte: 637.657 km²
Hoofdstad: Mogadishu
Staatsvorm: Republiek
Administratieve indeling:
18 provincies
Bevolking: 9,5 miljoen
(15 inw./km²)
Talen: Somali (officiële taal), Arabisch, Engels, Italiaans
Bruto Nationaal Product:
€ 700 per hfd
Munteenheid: 1 Somalische shilling = 100 centesimi

Landschap

Gelegen in de '**Hoorn van Afrika**' heeft Somalia aan zowel de Golf van Aden als de Indische Oceaan een in totaal 3000 km lange, grotendeels steile, rotsachtige kust. De hoogste berg is de **Shimbiris** (2416 m) bij de overgang naar de **Golf van Aden**.
Voor de zuidelijke, door een 10 tot 50 km brede duinenrij omzoom-

Aan het einde van de 12de eeuw werden op initiatief van koning ***Lalibela*** *op 2600 m hoogte de beroemde rotskerken in de naar deze heerser genoemde, Ethiopische stad gebouwd. De elf godshuizen werden uit het tufsteen gehouwen en zijn met behulp van een gangen- en tunnelstelsel met elkaar verbonden. De mooiste is wel de Georgekerk in de vorm van een kruis. Het bouwwerk staat in een 12 m diepe schacht en is via een tunnel te bereiken.*

de, vlakke kust bevindt zich een keten van koraalriffen.
De twee grootste rivieren – de Giuba en de Scebeli – vormen bij hun mondingsgebieden grote moerassen. Alleen in de Giuba stroomt het hele jaar door water.

Klimaat

Het klimaat veroorzaakt in het noordoosten van Somalia een woestijnlandschap, waarbij het kwik kan stijgen tot 45°C. Voor de rest zorgen de noordoostmoesson en de zuidwestmoesson voor de seizoenbepaalde weersveranderingen.
Het regent vooral in de belangrijkste verbouwperiode, van april tot juni. De temperatuur in de hoofdstad is gemiddeld 26°C.

Bevolking

85% van de totale bevolking is samengesteld uit verschillende **Somali-volkeren**. Daarnaast wonen er **Bantoes** en een kleine groep **Arabieren**. Precieze cijfers zijn echter nauwelijks voorhanden, daar de burgeroorlog het land blijvend heeft veranderd. Er is geen georganiseerde gezondheidszorg, de levensverwachting is laag en de zuigelingensterfte hoog. De ingestorte infrastructuur lijdt telkens tot hongersnood.

Geschiedenis en politiek

Nadat de islamieten in de zevende eeuw de eerste nederzettingen hadden gesticht, en na de Portugese en Turkse invloeden uit de 16de eeuw, werd het gebied van de 17de tot de 19de eeuw beheerst door de **sultan van Oman**.
Van 1875 tot 1884 ontstonden aan de Golf van Aden de koloniën **Frans Somaliland** en **Brits Somaliland**, van 1889 tot 1908 gevolgd door het **Italiaans Somaliland** aan de Indische Oceaan.
In 1960 was de **Republiek Somalia** een feit. Aan de vanaf 1969 bestaande militaire dictatuur kwam na gewelddadige conflicten in 1991een einde. De sindsdien heersende **burgeroorlog** tussen de diverse clanmilities leidde onder andere tot het uitroepen van de '**Republiek Somalia**' in het gebied dat vroeger Brits Somaliland heette. De VN probeerde te bemiddelen in het land waar geen politiek systeem meer bestaat.

Economie

In dit land dat hoe dan ook tot de armste staten van de wereld behoort, zijn veeteelt en landbouw de belangrijkste economische factoren. Steeds terugkerende droogte beperkt de voedselvoorziening van de bevolking aanzienlijk.
De hulpacties van de VN konden de hongersnood in 1992 en 1993 door het uiteindelijk mislukken van een VN-missie slechts tijdelijk bestrijden. De economie heeft zich inmiddels verschoven naar de zwarte handel, de smokkel en de ruilhandel. Alleen in Somaliland is de situatie iets beter.

Verkeer

Het **wegennet** bestaat buiten de steden alleen uit slechtverharde zandpistes. Er is geen spoorlijn en het internationale **vliegverkeer** is onregelmatig. Bij Mogadishu en Berbera bevinden zich de belangrijkste **havens**.

Toerisme

Naast de maagdelijke stranden met voor de kust koraalriffen heeft Somalia een soortrijke dierenwereld. Hier leven veel soorten Afrikaans groot wild., zoals bijvoorbeeld de zeldzame oryxantiloop.
De hoofdstad Mogadishu is met de talrijke, schitterende moskeeën het culturele centrum van het land. Vanwege de onrustige politieke situatie is de toeristische sector vrijwel helemaal verdwenen.

1

2

3

4

1 **Het aanbod van de kruidenhandelaren van Hargeisa is indrukwekkend, ondanks de moeilijke economische situatie in Somalia.**

2 **Ethiopië – in de schatkamer van de Heilige Maria van Zion, in Aksum, wordt een deel van de waardevolle kerkschatten tentoongesteld, waaronder kronen.**

3 **Keizer Yasu de Grote liet in Gondar de kerk Debra Berhan Selassie bouwen. Het godshuis is ook tegenwoordig een religieus centrum in Ethiopië.**

4 **Oorspronkelijke nomaden van Arabische afkomst, de Rashaida, vormen 0,3% van de totale bevolking van Eritrea.**

Kenia, Uganda

*De **Turkana**, een van de oost-nilotische etnische volkeren, zijn gevestigd in het noordwesten van Kenia, De ongeveer 200.000 leden van deze minderheid houden runderen, kamelen, geiten en schapen, waarbij bloed en melk als basisvoeding dienen. De kudden runderen nemen bovendien een belangrijke economische en sociale plaats in. Rond het Turkanameer speelt ook de visvangst een rol. De Turkana staan bekend om hun zilveren sieraden.*

Kenia

Oppervlakte: 582.646 km²
Hoofdstad: Nairobi
Staatsvorm: Presidentiële republiek
Administratieve indeling: 7 provincies, 1 district (hoofdstad)
Bevolking: 28,37 miljoen (49 inw./km²)
Talen: Kiswahili (officiële taal), Engels, stamtalen
Bruto Nationaal Product: € 311 per hfd
Munteenheid: 1 Keniase shilling = 100 cents

Landschap

Dit land aan de oostkust van Afrika ligt op de **evenaar** en kent vier belangrijke landschappen – een droge vlakte met doornstruikvegetatie in het noordoosten, het onvruchtbare voorgebergte in het noordwesten rond het Turkanameer, het zuidoosten met boom- en doornstruiksavannen en de naar 3000 m glooiende hoogvlakte.
Zowel op de savannen als in grote delen van het hoogland leven kudden groot wild (olifanten, neushoorns, zebra's, antilopen, buffels en giraffen) en roofdieren (leeuwen, luipaarden).

Klimaat

Het klimaat is tropisch en vochtigwarm. De moesson veroorzaakt lange droogteperioden. In het veeleer gematigde westen wonen de meeste mensen. De hoofdstad bevindt zich op een hoogte van 1670 m. De gemiddelde temperatuur bedraagt daar ongeveer 20°C.

Bevolking

De bevolking van Kenia is samengesteld uit ongeveer Bantoe-volkeren en nilotische stammen; de belangrijkste zijn de **Kikuyu** (22%), de **Luhya** (14%), de **Luo** (13%), de **Kalenjin** (12%), de **Kamba** (11%) en de **Kisii** en de **Meru** met elk 6% van de totale bevolking.
Meer dan 60% van de Kenianen is christen en ongeveer 25% hangt de inheemse natuurgodsdiensten aan. Daarnaast wonen er joden, hindoes en moslims, allemaal minderheden. De bevolkingsgroei behoort tot de hoogste ter wereld. Het analfabetisme bedraagt ongeveer 50%.

Geschiedenis en politiek

In 1963 kreeg deze voormalige Britse kolonie de **onafhankelijkheidsstatus** en riep de republiek uit. De eerste president was **Jomo Kenyatta**, die tot 1978 regeerde. Het vervolgens ingevoerde eenpartijstelsel werd onder druk van de buitenlandse ontwikkelingsinstanties in 1982 opgegeven ten gunste van een democratische structuur met een meerpartijenstelsel. In 1992 werden sinds 1978 de eerste vrije verkiezingen gehouden.

Economie

Binnen de zeer productieve **landbouwsector** vormen thee, koffie, sisal, suikerriet, peulvruchten, cashewnoten en ananas de belangrijkste exportproducten, maar ook de veeteelt (runderen) draagt aanzienlijk bij aan de gunstige handelsbalans.
De **industrie**, voor de verwerking van agrarische producten, en de aardoliewinning dragen samen 11% bij aan het bruto nationaal product. De belangrijkste economische factor, tevens de op een na grootste deviezenbron, is de **dienstensector**, in het bijzonder het toerisme.

Verkeer

Qua infrastructuur is Kenia relatief goed ontsloten. Een **spoorlijn** loopt dwars door het land. Van het in totaal 63.800 km lange **wegennet** is 8800 km geasfalteerd. Van het regionale **vliegverkeer** wordt zeer goed gebruikgemaakt, waarbij inbegrepen de safarichartervluchten. Van de 29 **luchthavens** bieden er drie verbindingen met internationale vliegvelden; Nairobi is het knooppunt van Oost-Afrika.

Toerisme

De belangrijkste bezienswaardigheden zijn de meer dan **40 nationale parken**, waar alle soorten Afrikaans groot wild worden beschermd. De beroemdste zijn de nationale parken Masai, Mara, Amboseli en Meru. Nairobi vormt het middelpunt van het land. De oude havenstad Mombasa heeft een bezienswaardige, Arabisch getinte binnenstad. Andere reisdoelen zijn het Victoriameer en de Lamu-archipel.

Kenyatta, Jomo

* Ichaweri 20.10.1892
† Mombassa 22.8.1978
De voorzittere van de Keniaanse African National Union werd door de Britse koloniale heersers tot zeven jaar gevangenisstraf veroordeeld wegens het uitlokken van de Mau-Mau-opstand. In 1961 was hij weer partijvoorzitter en in 1963 de eerste minister-president van Kenia. In 1964 werd hij staatspresident. Hij hield deze functie tot aan zijn dood. Kenyatta wees een meerpartijenstelsel af vanwege een mogelijke etnische scheiding.

Nairobi is het economische en administratieve centrum van Kenia.

Uganda

Oppervlakte: 241.139 km²
Hoofdstad: Kampala
Staatsvorm: Presidentiële republiek binnen het Gemenebest
Administratieve indeling: 25 arrondissementen
Bevolking: 19,2 miljoen (80 inw./km²)
Talen: Kiswahili, Engels (officiële talen), Luganda
Bruto Nationaal Product: € 266 per hfd
Munteenheid: 1 Ugandese shilling = 100 cents

Amin Dada, Idi

* Koboco, 1925
Deze officier werd in 1964 plaatsvervangend en in 1966 opperbevelhebber van de Ugandese strijdkrachten. In 1971 bracht hij president Obote ten val en richtte naar eigen willekeur een barbaarse dictatuur op die gedeeltelijk tragikomische trekken kreeg. Aan zijn extreem nationalistische gedachtegoed vielen waarschijnlijk 300.000 Ugandezen ten prooi. Nadat de Tanzaniaanse troepen hem in april 1979 ten val hadden gebracht, ging hij in ballingschap in Saudi-Arabië.

Landschap

Het grootste deel van de op de **evenaar** gelegen continentale staat Uganda wordt gevormd door een hoogvlakte van 1000 tot 3000 m hoog, slechts afgewisseld met eilandbergen.
De hoogste bergen in het savannelandschap zijn de Mount Elgon (4321 m) en de **Ruwenzori** (tot 5119 m) in het westen. In het zuidoosten bevindt zich de helft van het grote **Victoriameer** op Ugandees grondgebied. Het land heeft uitgestrekte meren- en moerasgebieden, zoals het Kyoga- en Salisburymeer. De regenwouden en bergbossen zijn daarentegen nog maar voor een deel behouden gebleven.
Terwijl doornstruiksavannen het landschap in het noorden kenmerken, zijn in het zuiden de natte savannen te vinden.

Klimaat

Het tropisch klimaat is sterk gematigd vanwege de hoge ligging van het land. In de hoofdstad bedraagt de temperatuur het hele jaar door gemiddeld 22°C.

Bevolking

In de multinationale staat wonen in totaal 45 etnieën, waaronder de **Bantoe-volkeren** (50%, waarvan 28% Ganda) de meerderheid vormen. Daarnaast zijn er nilotische en Sudanese etnieën, alsook Indiase en Arabische minderheden. De meerderheid van de Ugandezen is christen, 16% hangt de islam aan en 18% is lid van inheemse godsdiensten.

Geschiedenis en politiek

In het gebied dat nu Uganda heet, hebben door de eeuwen heen een reeks gecentraliseerde koninkrijken bestaan. De Britse militaire macht veroverde het land en maakte er in 1894 een **Brits protectoraat** van.
Nadat Uganda in 1962 de **onafhankelijkheidsstatus** had gekregen, werd het lot van het land in de jaren zeventig en tachtig onder de terreurregimes van **Amin** en **Obote** gekenmerkt door conflicten tussen verscheidene burgeroorlogpartijen. In de jaren negentig stabiliseerde de situatie zich. Maar ook de invoering van een nieuwe grondwet in 1995 zorgde er niet voor dat Uganda een **meerpartijenstelsel** kreeg; het recht van vereniging en vergadering blijft bovendien ingeperkt.

Economie

De **landbouwproductie** domineert nog steeds de economie van Uganda, ondanks de aanzienlijke delfstofvoorraden (koper en kobalt). Meer dan 80% van de bevolking werkt in die sector, die een aandeel van 50% in het bru-

*De hamito-nilotische stammen in Kenia zijn nomaden en leven van de veeteelt op de savannen. Hun rites en traditionele klederdracht zijn behouden gebleven. Dat geldt in het bijzonder voor de **Samburu**. Zij stellen lichaamssieraden zeer op prijs.*

to nationaal product heeft en waarvan de helft is toe te schrijven aan de **subsistentie-economie**.
Slechts 5% van het van de landbouw afkomstige bruto nationaal product wordt geëxporteerd. Het gaat vooral om koffie (90% van de exportproductie), maar ook katoen, thee en tabak. De **producerende bedrijfstak** vormt slechts een aandeel van 13% in het bruto nationaal product.
Sinds 1987/88 volgt de regering een hervormingsprogramma ten behoeve van de landbouwkundige liberalisering en geldt om reden van de groeicijfers als voorbeeldig. Grote delen van de bevolking leven ondanks alle stappen voorwaarts nog steeds op het bestaansminimum.

Verkeer

De **wegen** zijn over het algemeen genomen in een slechte staat. Slechts een vierde deel ervan is het hele jaar door begaanbaar, waardoor het 1240 km lange **spoorwegnet** verder wordt uitgebreid. Ook de binnenlandse vluchten en het scheepvaartverkeer naar de buurlanden zijn onregelmatig. Bij Entebbe bevindt zich een internationale **luchthaven**.

Toerisme

Tot de belangrijkste bezienswaardigheden van het land behoren de beide meren en het Nationaal Park Ruwenzori, een paradijs voor bergbeklimmers. Uganda heeft zijn aandeel in het Nationaal Park Virunga; ook het Nationaal Park Bwindi is dankzij de vele diersoorten het bekijken waard.

Rwanda

Oppervlakte: 26.338 km²
Hoofdstad: Kigali
Staatsvorm: Presidentiële republiek
Administratieve indeling: 11 prefecturen
Bevolking: 8,1 miljoen (308 inw./km²)
Talen: Kinyarwanda, Frans (officiële talen), Kiswahili, Engels
Bruto Nationaal Product: € 200 per hfd
Munteenheid: 1 Rwandese franc = 100 centimes

Landschap

De hoogste bergen in dit overwegend bergachtige land bevinden zich in het westen, waar de **Virunga-vulkanen** tot 4507 m hoog zijn. Het centrale en oostelijke deel van Rwanda kenmerkt zich door heuvelachtige hoogvlakten van ongeveer 1500 m.

Klimaat

Tot op een hoogte van 2500 m heerst er een vochtig-tropisch klimaat, dat als gevolg van de hoogte gematigder is (de temperatuur bedraagt gemiddeld 19 tot 22°C), en er komen regenwouden en natte savannen voor die in de hogere gebieden overgaan in bamboebossen. Er leven veel leeuwen, luipaarden, nijlpaarden, neushoorns, krokodillen en apen.

Bevolking

In dit dichtbevolkte land wonen **Hutu** (80%) en **Tutsi** (19%). De wederopbouw van de infrastructuur en het instandhouden van de gezondheidszorg en de voedselvoorziening zijn in hoge mate afhankelijk van buitenlandse hulp. De levensverwachting is gemiddeld amper 40 jaar en behoort daarmee tot de laagste van de wereld.

Geschiedenis en politiek

Het volk van de Tutsi arriveerde in de 15de eeuw in het gebied waar de Hutu's zich hadden gevestigd en richtten daar een feodale heerschappij op.
Onder het Duitse bewind, en vanaf 1916 onder de **Belgische koloniale heerschappij**, werden deze machtsstructuren verankerd. Toen na 1955 het Belgische bestuur verdween en de Tutsi's hun leidende positie dreigden te verliezen door opstanden van de Hutu's, kwam het – zoals ook in het buurland Burundi – tot gewapende conflicten tussen de beide groepen. Dit eindigde in 1994, na tientallen jaren van gevechten, in een genocide, waarbij naar officiële schattingen aan beide kanten 800.000 mensen werden gedood. Sinds 1997 keren de massaal verdreven mensen terug. Ze waren aanvankelijk naar de buurlanden gevlucht, maar werden ook daar vervolgd. Ondanks het sluiten van vrede en bemiddelingspogingen van de VN ontstaan er telkens opstanden en worden er lokaal slachtpartijen aangericht.

Economie

De door de burgeroorlog volledig verwoeste economie wordt sinds 1996 dankzij internationale hulp weer opgebouwd. Het belangrijkste exportproduct is **koffie** – 80% van de totale opbrengst – gevolgd door thee, bonen, maïs en bananen.
De zich ontwikkelende **industrie**, in de vorm van midden- en kleinbedrijven, verwerkt hoofdzakelijk agrarische producten. Nog altijd is 93% van de inwoners van Rwanda werkzaam in de **landbouw**.

Verkeer

Aan de infrastructuur is als gevolg van de burgeroorlog grote schade toegebracht. De enkele **hoofdwegen** zijn echter in een relatief goede staat. Bij de hoofdstad bevindt zich de enige internationale **luchthaven**.

Toerisme

Door de voortdurende onrust is Rwanda tegenwoordig geen veilige toeristische bestemming.
Enkele van de laatste, door uitsterven bedreigde berggorilla's leven in het Nationaal Park Virunga.
In het Nationaal Park Akagera staan veel vogelsoorten onder natuurbescherming.

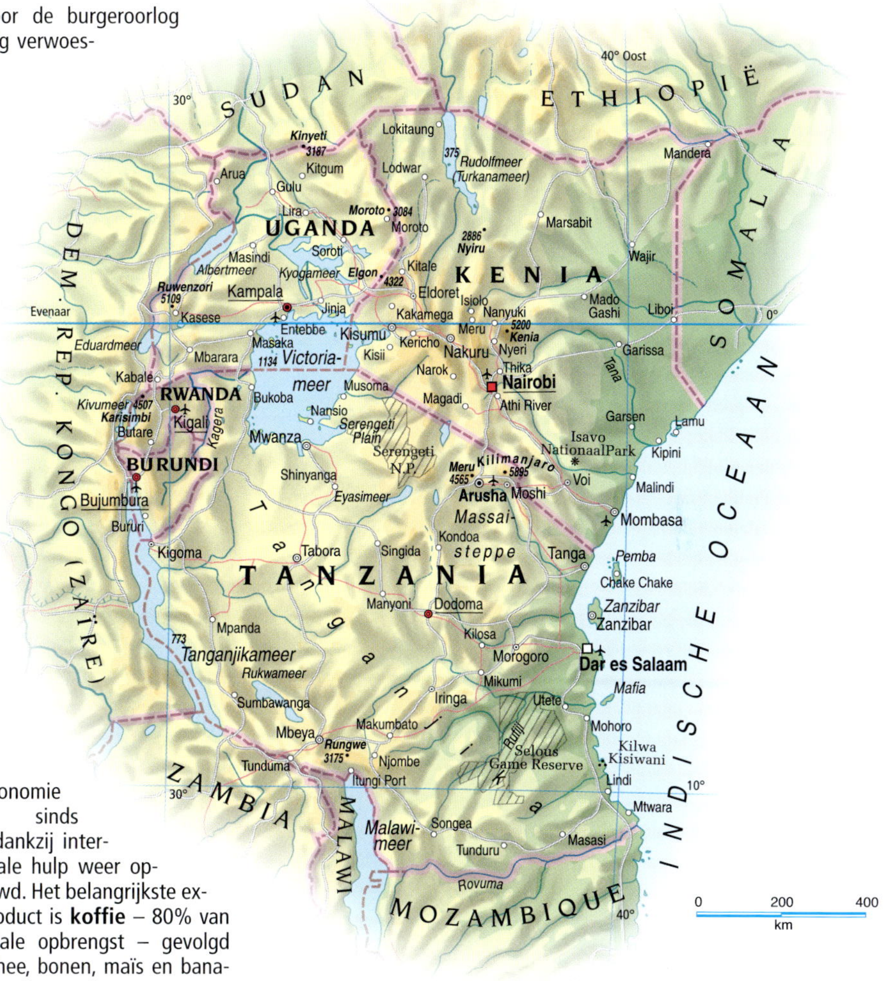

Burundi

Oppervlakte: 27.834 km²
Hoofdstad: Bujumbura
Staatsvorm: Presidentiële republiek
Administratieve indeling: 15 provincies
Bevolking: 6,4 miljoen (230 inw./km²)
Talen: Kirundi, Frans (officiële talen), Kiswahili
Bruto Nationaal Product: € 177 per hfd
Munteenheid: 1 Burundese franc = 100 centimes

Landschap

Het Tanganjikameer vormt de zuidwestgrens van Burundi. Noordoostelijk daarvan strekt zich het hoogland met de natte savannen uit. In het binnenland bevindt zich een plateau (gemiddelde hoogte 1500 m) met voornamelijk grassavannen. In het noordoosten van het land is regenwoud te vinden.

Burundi, Tanzania

__Fotosafari's__ vormen een belangrijke inkomstenbron van Tanzania. De toeristen kunnen bijvoorbeeld de leeuwen in de Ngorongorokrater in het hoogland van Noord-Tanzania bewonderen of in het wild levende olifanten in het Nationaal Park Serengeti observeren.

Klimaat

Het equatoriale klimaat is als gevolg van de hoge ligging gematigd. De gemiddelde temperatuur bedraagt 17 tot 22°C

Bevolking

De **Hutu's** vormen met 85% de grootste bevolkingsgroep. Het aantal **Tutsi's** is 14%. Beide groepen spreken aan elkaar verwante talen, maar ook de religieuze beleving – een mengeling van christelijke en animistische denkbeelden – lijkt zeer op elkaar.

Geschiedenis en politiek

In de 15de eeuw drongen uit het noorden komende Tutsistammen in het gebied dat nu Burundi heet – en waar zich Hutustammen hadden gevestigd – en richtten daar een **feodale heerschappij** op die de Hutu's sociaal benadeelde.
Vanaf 1890 maakte het land deel uit van de kolonie Duits Oost-Afrika. Later viel het gebied onder Belgisch bestuur.
In 1962 verwierf Burundi de **onafhankelijkheid**. Opnieuw braken er conflicten uit tussen de twee bevolkingsgroepen. Ze bepalen sindsdien de politieke situatie van het land.
De oplossing van het etnische probleem diende met de grondwet uit 1992 in zicht te komen, maar leidde tot de bloedigste conflicten uit de geschiedenis van Burundi. Honderdduizenden mensen stierven en bijna een miljoen vluchtelingen zochten hun heil in de buurstaten. Sinds 1996 is er in Burundi een militair regime aan het bewind.
Het oorlogsgeweld duurt nog altijd voort, ondanks internationale bemoeienissen om vrede te krijgen.

Economie

De belangrijkste sector is de **landbouw**. Dankzij het milde klimaat in de hoger gelegen gebieden is de teelt van tropische vruchten en een extensieve veehouderij mogelijk. In het industriële centrum rond de stad Bujumbura worden op kleine schaal textiel en agrarische producten verwerkt, die ook bedoeld zijn voor de export. Koffie heeft een aandeel van 85% in de totale opbrengst. Als gevolg van een gebrekkige ontsluiting van het gebied bestaat er daarnaast geen betekenisvolle industrietak.

Verkeer

Het **wegennet** is voor een deel geasfalteerd. **Scheepvaart-** en **luchtvaartverbindingen** naar de buurstaten. Bij de hoofdstad bevindt zich een internationale **luchthaven**.

Toerisme

Het centrum van het toerisme is de streek rond het Tanganjikameer, waar ook de hoofdstad ligt. Van hieruit worden er safari's naar de twee nationale parken georganiseerd. Aldaar staan de berggorilla en de Afrikaanse soorten groot wild onder natuurbescherming. Als gevolg van de oorlog is het toerisme bijna helemaal verdwenen.

Nyerere, Julius Kambarage

* maart 1922
† 14.10.1999

De stichter van de Tanganjika National Union leidde Tanganjika in 1961 naar de onafhankelijkheid. Hij werd de eerste minister-president. Na de samenvoeging van Tanganjika en Zanzibar werd hij de president van de nieuwe staat Tanzania. Hij pleitte voor een zelfbewust Afrika en zette zich in voor de Organisatie voor Afrikaanse Eenheid. In 1985 trad hij als president van Tanzania terug, maar bleef tot 1990 voorzitter van de in 1970 in het leven geroepen eenheidspartij Chama cha Mapinduzi.

Tanzania

Oppervlakte: 945.087 km²
Hoofdstad: Dodoma
Staatsvorm: Federale, presidentiële republiek
Administratieve indeling: 25 departementen
Bevolking: 29,7 miljoen (31 inw./km²)
Talen: Kiswahili
Bruto Nationaal Product: € 133 per hfd
Munteenheid: 1 Tanzaniaanse shilling = 100 centimes

Landschap

Tanzania ligt aan de **Indische Oceaan**. Vanaf de kust glooit het land in westelijke richting naar een grotere hoogte. Hoogvlakten en berggebieden kenmerken het landschap, dat als gevolg van tektonische breuken, zoals de Oost- en West-Afrikaanse Slenk, en door vulkanen is onderverdeeld. De **Kilimanjaro** (5895 m) is de hoogste berg op het Afrikaanse continent. Aan de landsgrenzen bevinden zich drie grote meren (Victoria-, Njasa- en Tanganjikameer). Ook de zich voor de kust bevindende eilanden Zanzibar, Pemba en Mafia horen bij het grondgebied.

Klimaat

Terwijl het klimaat in de kustgebieden tropisch warm is, heerst er in het hoogland een gematigd-tropisch klimaat. De temperatuur bedraagt in de hoofdstad 19 tot 24°C.

Bevolking

Bantoestammen, die zich vervolgens in **130 verschillende etnieën** laten indelen, vormen 82% van de bevolking.
Van de bevolking is 45% christen, 35% moslim en 20% hangt de inheemse godsdiensten aan. De bevolking op **Zanzibar** is daarentegen van Arabisch-Afrikaanse afkomst en voor 99% moslim.

Geschiedenis en politiek

Nadat eerst de Portugezen in het begin van de 15de eeuw de kust hadden bezet, werd **Tanganjika** in 1884 het grootste gedeelte van de kolonie **Duits Oost-Afrika**. In 1920 nam Groot-Brittannië het Volkerenbondmandaat over. Na een trustschapgebied te zijn geweest, kreeg het land in 1962 de **onafhankelijkheidsstatus**.
Als federale, presidentiële republiek kwam Tanzania in 1964 tevoorschijn uit het **Verenigd Tanganjika**, samen met het in 1963 onafhankelijk geworden Brits protectoraat Zanzibar. De grondwet uit 1997 voorzag aanvankelijk in een eenpartijstelsel, maar door een grondwetswijziging uit 1992 was een meerpartijenstelsel mogelijk.

De Ngorongorokrater in Tanzania heeft een doorsnede van 22 km en kraterwanden van 700 m hoog.

Economie

Nog altijd behoort Tanzania tot de armste landen van Afrika. Dankzij privatiseringsmodellen en een op vele niveaus geleide diversificatie wordt de situatie echter gaandeweg beter. In de **landbouw-**, **bosbouw-** en de **visserijsector** wordt 57% van het bruto nationaal product en 60 tot 70% van de exportopbrengst verdiend.
De eigen voedselvoorziening van Tanzania is gewaarborgd. De **industriële sector** – ook het buitenland is hierin sterk vertegenwoordigd – speelt met een aandeel van 17% in het bruto nationaal inkomen een steeds belangrijkere rol. Ook het belang van de dienstensector neemt gestaag toe.

Verkeer

Het **wegennet** is in de regentijd voor het grootste deel onbegaanbaar, waardoor het **spoorwegnet** binnen de verkeersstructuur een belangrijke plaats toekomt.
Zowel het binnenlandse luchtvaartverkeer als de scheepvaartverbindingen naar de buurstaten zijn goed. Bij Dar es Salaam bevindt zich een internationale **luchthaven**.

Toerisme

In Tanzania is uniek **natuurschoon** te zien, zoals het Tanganjikameer, de Kilimanjaro en de Ngorongorokrater. Bezienswaardig zijn bovendien de oude stad Bagamoyo en het eiland Zanzibar. De beste reistijd is tussen juni en september.

De Masai

Het bezit van vee vormt de basis van de Masai-samenleving.

Het Oost-Afrikaanse halfnomadenvolk leeft in het noordoostelijke deel van Tanzania en in het zuiden van Kenia. De nog ca. 200.000 overgebleven Masai hebben tot op de dag van vandaag hun traditionele gebruiken in stand weten te houden. Deze mannenwereld heeft strikt onderscheiden leeftijdsgroepen: jongens, krijgers en oudsten. Oudere vrouwen zijn gelijk aan de oudere mannen.

Oorspronkelijk zijn de Masai afkomstig uit het streek rond het Turkanameer. Ze konden echter hun machtsgebied tot ongeveer 1870 tot aan het Victoriameer uitbreiden. Hun krijgerkaste 'Ilmurran' zorgde ervoor dat de aldaar gevestigde mensen zich onderwierpen. De Britten namen aan het einde van de 19de eeuw de runderpest mee, waardoor een groot deel van het vee van de Masai eraan moest geloven. Ondanks hongersnood en ziekten sloegen de Masai elke samenwerking met de Britse koloniale heersers af, die hen om die reden in het begin van de 20ste eeuw naar de afgelegen, minder vruchtbare gebieden in het zuiden van Kenia en naar Tanzania verbanden. De grasvlakten hielden niet over, en het probleem van de overbeweiding kon tot op de dag van vandaag niet worden opgelost.

De Masai leven gedurende het grootste deel van het jaar als halfnomaden en wonen in lemen hutten binnen een kraal. De runderen (melk en bloed) vormen hun bestaansbasis.

Boven: De Masai dragen graag kleurrijke kleding.

Onder: Fraai versierde speren en beschilderde, leren schilden karakteriseren de krijgers.

Angola, Zimbabwe

Salisbury werd in 1890 als militaire standplaats van de Britse Zuid-Afrikaanse pionierskolonie gesticht en ontwikkelde zich vanaf 1899 dankzij een spoorlijnverbinding met Seira tot een belangrijk handelscentrum. In 1923 werd Salisbury de hoofdstad van de Britse kolonie Zuid-Rhodesië en was van 1953 tot 1963 hoofdstad van de Federatie van Rhodesië en Njassaland. Sinds 1992, tevens het einde van de blanke heerschappij, heet de stad ***Harare****, de regeringszetel van Zimbabwe.*

Angola

Oppervlakte: 1.246.700 km²
Hoofdstad: Luanda
Staatsvorm: Republiek
Administratieve indeling: 18 provincies
Bevolking: 11,5 miljoen (10 inw./km²)
Talen: Portugees (officiële taal), Bantoetalen
Bruto Nationaal Product: € 455 per hfd
Munteenheid: 1 kwanza = 100 iwei

Landschap

Rivieren klieven het hoogland, dat steil afwaarts glooit naar de smalle kuststrook met regenwoud dat in het oosten aan het **Hoogland van Bihé** (Morro de Moco, 2620 m) grenst. De uitgestrekte steppen en natte savannen gaan in het uiterste zuidwesten over in de uitlopers van de Namibwoestijn. Tot het grondgebied behoort ook de exclave Cabinda.

Klimaat

In het zuiden en langs de kust heerst een halfwoestijnklimaat. In de hoofdstad bedraagt de gemiddelde temperatuur tussen de 21 en 26°C. Het tropische klimaat in het binnenland is op grotere hoogte milder.

Bevolking

In Angola wonen meer dan 100 etnische bevolkingsgroepen, waarvan de meerderheid is samengesteld uit Bantoestammen, waarbij de **Ovimbundu** (37%), de **Mbunda** (22%) en de **Kongo** 13%) de grootste volkeren vormen.
Door de burgeroorlog is er geen sociale welzijns- en een gebrekkige gezondheidszorg die het moet hebben van buitenlandse hulp. Het analfabetisme bedraagt 58%.

Geschiedenis en politiek

Nadat de Portugees Diego Cao het land in 1483 voor het eerst had betreden, stichtte Portugal in 1576 de nederzetting **Luanda**. Grote delen van het land bleven echter geïsoleerd tot Portugal in dezelfde eeuw het hele gebied veroverde.
Verscheidene **bevrijdingsorganisaties** vochten vanaf 1961 voor de onafhankelijkheid. Uiteindelijk kreeg Angola na de val van de dictatuur in Lissabon uiteindelijk de **onafhankelijkheidsstatus**. Nog in hetzelfde jaar woedde in de kersverse Volksrepubliek Angola een **burgeroorlog** tussen de verschillende, voormalige bevrijdingsbewegingen. Dit conflict is tot op de dag van vandaag niet bijgelegd, ook niet na de invoering van het meerpartijenstelsel in 1990.
Ondanks internationaal toezicht door VN-troepen vindt de ontwapening van de verschillende partijen maar schoorvoetend plaats en komt het steeds opnieuw tot gewapende conflicten, waarbij het vooral om de grondstofvoorraden gaat. In grote delen van het land liggen alom mijnen.

Victoriawatervallen – de Zambesi stort 110 m in de diepte.

Economie

De economie van het land is als gevolg van de langdurige burgeroorlog ontwricht. De bevolking is in hoge mate afhankelijk van buitenlandse steun. De **landbouw**, waarin 85% van de beroepsbevolking werkzaam is, produceert naast primaire voedingsmiddelen kleine hoeveelheden sisal, suiker, tabak en koffie voor de export. De **industrie** staat nog in de kinderschoenen. De aanwezigheid van zowel **diamanten** – er worden vooral in het noorden van het land aanzienlijke hoeveelheden gevonden – als aardolie en ijzererts vormen echter de basis van de economie. Het aandeel van deze exportproducten in het bruto nationaal product bedraagt minstens 50% en zorgt voor 97% van de totale exportopbrengst.

Verkeer

De totale infrastructuur is door de burgeroorlogen voor het grootste deel verwoest. Meer dan 80% van het 72.000 km lange **wegennet** is beschadigd, maar ook het **spoorwegnet** is als gevolg van op grote schaal aanwezige mijnen slechts zeer beperkt in gebruik. De enige internationale **luchthaven** en de belangrijkste **zeehaven** bevindt zich bij Luanda. Malongo, in Cabinda, heeft de belangrijkste aardoliehaven.

Toerisme

Angola is momenteel geen toeristische bestemming, aangezien de verwoeste infrastructuur het reizen buiten de hoofdstad onmogelijk maakt. Niettemin zijn er enkele koloniale bezienswaardigheden, zoals bijvoorbeeld de vesting São Miguel. In klimatologisch opzicht zou de beste reistijd van mei tot september zijn.

Zimbabwe

Oppervlakte: 390.757 km²
Hoofdstad: Harare
Staatsvorm: Presidentiële republiek binnen het Gemenebest
Administratieve indeling: 8 provincies
Bevolking: 11,1 miljoen (29 inw./km²)
Talen: Engels (officiële taal), Bantoetalen
Bruto Nationaal Product: € 600 per hfd
Munteenheid: 1 Zimbabwaanse dollar = 100 cents

Landschap

Zimbabwe bestaat voor het grootste gedeelte uit hoogland dat in het noorden door de Zambesi en in het zuiden door de Limpopovallei wordt begrensd. Het hoogland hoort bij de omzoming van het Kalaharibekken. De oostelijke rand wordt gevormd door de **Iyangabergen** met toppen tot 2592 m. Het hoogland in het binnenland bestaat uit een glooiende vlakte met eilandbergen en savannevegetatie.

Mugabe, Robert Gabriel

* Kutama 21.2.1924

Al sinds 1965 zette Mugabe zich in voor de vorming van een zwarte meerderheidsregering in het voormalige Rhodesië en was in 1976 betrokken bij de oprichting van het 'Patriottisch Front'. Na het aftreden van het laatste blanke staatshoofd was hij van 1980 tot 1987 minister-president en werd in 1986 staatspresident. In 1990 en 1996 werd hij opnieuw in zijn ambt bevestigd, hoewel de verkiezingen van de oppositiepartijen werden geboycot. Zijn toenemend autoritaire leiding stuit op felle internationale protesten.

Klimaat

De ligging in de **tropengordel** karakteriseert het klimaat. De droge tijd is van mei tot oktober. De gemiddelde temperatuur in de hoofdstad Harare, met een aangenaam hooglandklimaat, bedraagt tussen de 14 en 21°C.

Bevolking

De bevolking van Zimbabwe is voor 98% samengesteld uit Bantoestammen, waarbij de **Shona** (in totaal 77%) en de **Nbelele** (17%) de grootste volkeren vormen. De helft van de bevolking hangt de syncretische geloofsrichtingen aan. 25% is christen. Verder bekent 25% zich tot de inheemse godsdiensten.

Geschiedenis en politiek

Zimbabwe heette voorheen Rhodesië en was een Britse kolonie. Na een langdurig conflict om het gebied werd Zimbabwe pas in 1980 een onafhankelijke staat. Het land was vanaf 1821 een Brits protectoraat en veranderde in 1923 in een autonome kolonie. In 1930/31 werd het gebied in een duidelijk begunstigd Europees en een Afrikaans deel opgesplitst.
In 1966 begon de door Afrikanen opgerichte **ZANU** ('Zimbabwe African Nation Union') een guerrillaoorlog tegen de blanke minderheidsregering. In 1979 volgden in Londen gesprekken met alle betrokkenen en werd een grondwet overeengekomen die de privileges van de blanken inperkte, maar hun wel grondrechten toewees. In 1980 werd het land als Zimbabwe **onafhankelijk**. De grondwet kent de president grote bevoegdheden toe.

Economie

Met een exportgeoriënteerde **landbouw**, een goed ontwikkelde productverwerkende sector en aanzienlijke voorraden aan verscheidene soorten minerale **grondstoffen** en kolen, is de economie in veel grotere mate gediversifieerd dan de meeste andere Afrikaanse staten. In de landbouw wordt met de verbouw van tabak, koffie, suikerriet, katoen en granen 14% van het bruto nationaal product verdiend. De mijnbouw en de metaalproductie – in deze sectoren gaat het om meer dan 50% van de totale exportopbrengst – vormen de ruggengraat van de **industriële sec-**

*De islam vormt slechts een minderheid. Toch zijn er maar weinig stammen in Zambia die **varkens** houden om het vlees. De dieren hebben in eerste instantie een hygiënische functie, aangezien ze afval eten en het dorp dus schoonhouden.*

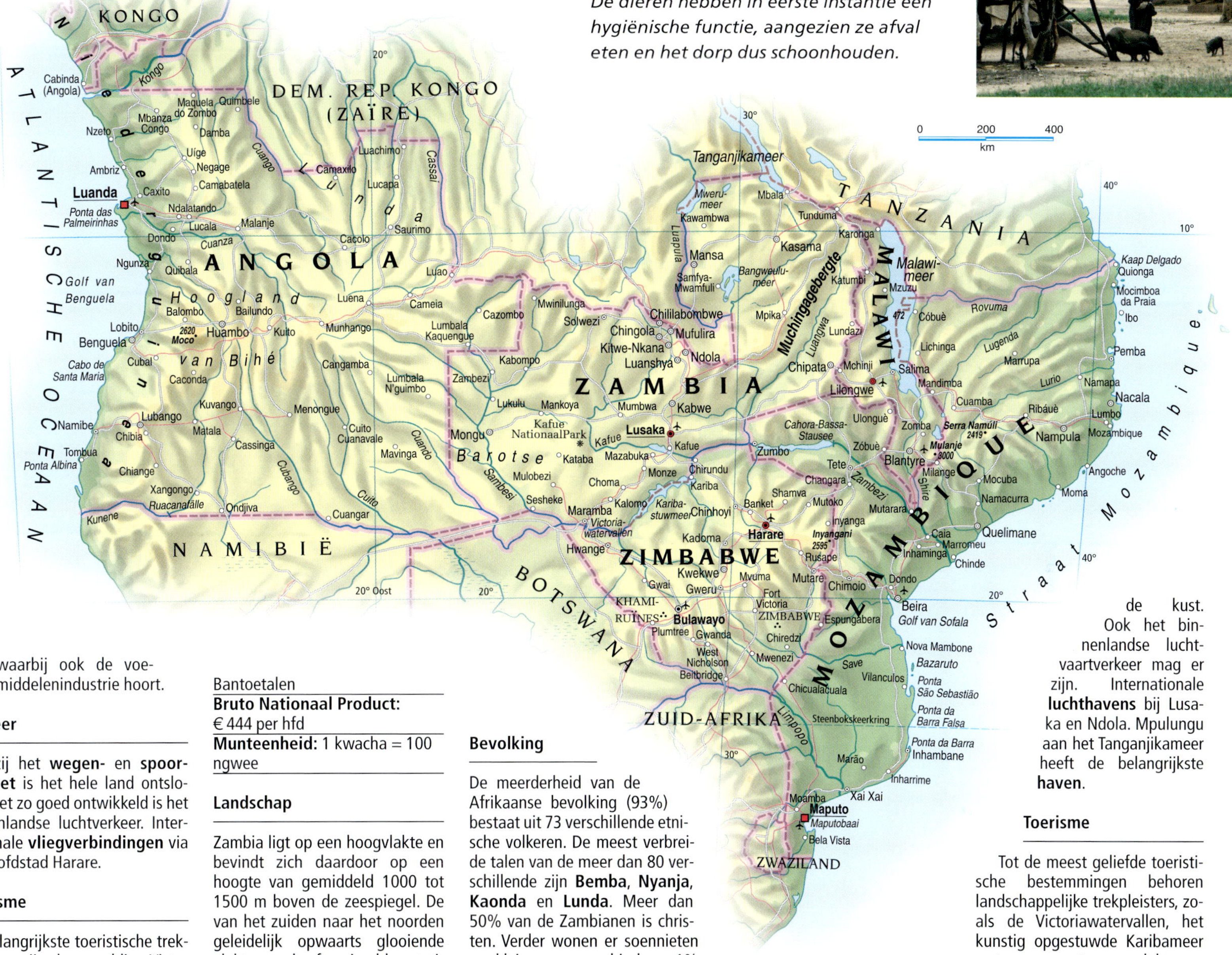

tor, waarbij ook de voedingsmiddelenindustrie hoort.

Verkeer

Dankzij het **wegen-** en **spoorwegnet** is het hele land ontsloten. Net zo goed ontwikkeld is het binnenlandse luchtverkeer. Internationale **vliegverbindingen** via de hoofdstad Harare.

Toerisme

De belangrijkste toeristische trekpleisters zijn de geweldige Victoriawatervallen aan de grens met Zambia. De 14de-eeuwse ruïnestad Zimbabwe is het grootste historische monument van zwart Afrika. De ruïnestad Khami stamt uit de 17de eeuw. Tot de meest bekende natuurreservaten en parken behoren de Mana-Pools en het Nationaal Park Hwange.

Zambia

Oppervlakte: 752.614 km²
Hoofdstad: Lusaka
Staatsvorm: Presidentiële republiek binnen het Gemenebest
Administratieve indeling: 9 provincies
Bevolking: 9,2 miljoen (13 inw./km²)
Talen: Engels (officiële taal), Bantoetalen
Bruto Nationaal Product: € 444 per hfd
Munteenheid: 1 kwacha = 100 ngwee

Landschap

Zambia ligt op een hoogvlakte en bevindt zich daardoor op een hoogte van gemiddeld 1000 tot 1500 m boven de zeespiegel. De van het zuiden naar het noorden geleidelijk opwaarts glooiende vlakte wordt afgewisseld met eilandbergen tot 2300 m hoog. Meren op de vlakten en moerasstreken kenmerken het landschap in de afwateringsgebieden van de rivieren Zambezi en Kafue. Het noordoosten van het land maakt deel uit van de **Oost-Afrikaanse Slenk**.

Klimaat

Het tropisch klimaat is als gevolg van de hoogte van het land veeleer gematigd. Op de vochtig-warme maanden december tot april na, heerst er op de savanne in het hoogland de droge tijd. Aldus bedraagt de gemiddelde temperatuur in de hoofdstad Lusaka 16°C in juli en 21°C in januari. Alleen in de met loofwoud dichtbegroeide riviervalleien en merengebieden heerst er het hele jaar door een tamelijk vochtig en warm klimaat.

Bevolking

De meerderheid van de Afrikaanse bevolking (93%) bestaat uit 73 verschillende etnische volkeren. De meest verbreide talen van de meer dan 80 verschillende zijn **Bemba**, **Nyanja**, **Kaonda** en **Lunda**. Meer dan 50% van de Zambianen is christen. Verder wonen er soennieten en kleine groepen hindoes. 1% bestaat uit aanhangers van de inheemse godsdiensten.

Geschiedenis en politiek

Het huidige Zambia is een republiek binnen het Britse Gemenebest. Het land ontstond in 1911 onder de naam **Noord-Rhodesië** als een deel van de Britse invloedsgebieden ten noorden van de Zambesi. In 1923 werd het gebied een protectoraat onder direct Brits koloniaal bestuur. Na de onafhankelijkheid in 1964 kreeg deze streek de naam Zambia.

In 1972/73 voerde de eerste president een eenpartijstelsel in. De binnenlandse en buitenlandse druk om te democratiseren leidde in 1990 uiteindelijk tot de toelating van oppositiepartijen. Een nieuwe grondwet garandeert een **meerpartijenstelsel** en legt tegelijkertijd de presidents- en parlementsverkiezingen vast.

Economie

De economie van Zambia is gebaseerd op de ontginning en export van de grootste kopervoorraden op aarde. Het betreft 80% van het totale handelsvolume. In de **agrarische sector** wordt 23% van het bruto nationaal product verdiend. 86% van de bevolking is erin werkzaam. In de toekomst moeten privatiseringsmaatregelen en een verdere diversificatie nieuwe mogelijkheden scheppen.

Verkeer

Het **wegen-** en **spoorwegnet** is goed ontwikkeld en biedt met de 891 km lange **Tazara-spoorlijn** aansluiting met de buurlanden en de kust. Ook het binnenlandse luchtvaartverkeer mag er zijn. Internationale **luchthavens** bij Lusaka en Ndola. Mpulungu aan het Tanganjikameer heeft de belangrijkste **haven**.

Toerisme

Tot de meest geliefde toeristische bestemmingen behoren landschappelijke trekpleisters, zoals de Victoriawatervallen, het kunstig opgestuwde Karibameer met een wateroppervlak van 5000 km², het Tanganjikameer en de grote nationale parken.

Malawi

Oppervlakte: 118.484 km²
Hoofdstad: Lilongwe
Staatsvorm: Presidentiële republiek binnen het Gemenebest
Administratieve indeling: 3 departementen
Bevolking: 11,1 miljoen (94 inw./km²)
Talen: Chichewa, Engels (officiële talen), Chitumbuka, andere Bantoetalen
Bruto Nationaal Product: € 188 per hfd
Munteenheid: 1 Malawi-kwacha = 100 tambala

Malawi, Mozambique, Botswana

Mozambique – in de bergkloof van de ***Cabora Bassa*** *stuwt een 160 m hoge en 330 m lange stuwdam de Zambesi op. Er ontstond een gigantisch stuwmeer met een oppervlakte van 2700 km² en een volume van 160 miljard m³. Dankzij de dam dienen de jaarlijks terugkerende overstromingen verleden tijd te zijn en wordt 1,5 miljoen m² land van water voorzien. Bovendien wordt de Zambesi over een afstand van 500 km bevaarbaar. De erbij behorende elektriciteitscentrale was in de burgeroorlog diverse malen doelwit van sabotageacties.*

Landschap

Een groot deel van het land wordt in beslaggenomen door het **Malawimeer**, dat Malawi over een lengte van bijna 550 km doorklieft. Het gebied ten westen en ten zuiden daarvan is bergachtig, met toppen tot 3002 m (Mlanja Sapitwa). Grasland en moessonbossen domineren het landschap. In de bergen bestaan nog niet ontsloten bosgebieden. De voorheen soortrijke dierenwereld wordt in vier nationale parken beschermd. Er leven antilopen, zebra's, olifanten en neushoorns.

Klimaat

In het noorden heerst een tropisch klimaat. Het gaat in het zuiden over in een droog gebied. De regentijd duurt van november tot april. In Lilongwe bedraagt de gemiddelde temperatuur ongeveer 23°C in de zomer en 16°C in de winter.

Bevolking

99% van de bevolking is samengesteld uit **Bantoestammen**, waarvan 58% tot de **Marawi** behoort. Verder wonen er Arabische en Europese minderheden. Van de bevolking is 75% christen, waarvan het merendeel protestant is. 20% hangt de inheemse godsdiensten aan. Het analfabetisme bedraagt 45%.

Geschiedenis en politiek

In 1891 werd het gebied rond het Njassameer een Brits protectoraat en in 1907 voegde men het als Njassaland bij Rhodesië. In 1964 kreeg Malawi de **onafhankelijkheidsstatus**. De grote volmachten die de president zichzelf in de grondwet uit 1966 toebedeelde, werden in 1993 na een referendum – dat tot stand kwam onder druk van de donorlanden – ingeperkt. In 1994 waren de eerste vrije verkiezingen.

Economie

Malawi is ook tegenwoordig nog een agrarisch land. 85% leeft van kleinschalige **landbouw** en verdient 35% van het bruto nationaal product. Droogte bedreigt telkens opnieuw de eigen voedselvoorziening. 90% van de exportopbrengsten is te danken aan de koffieverkoop. Andere uitvoerproducten zijn thee, suiker en tabak. De opbrengst van de visvangst in de drie meren van Malawi is uitsluitend bestemd voor de eigen voedselvoorziening.
De **industrie**, met als centrum het zuidelijk deel van het land, verwerkt de inheemse agrarische producten (thee, bier, sigaretten, textiel, schoenen) voor de export. De inmiddels goed ontwikkelde toeristische sector heeft een aandeel van 25% in het bruto nationaal product.

Verkeer

Het 28.400 km lange **wegennet** is voornamelijk te vinden in het zuiden van het land en bestaat hoofdzakelijk uit onverharde pistes. Het 789 km lange **spoorwegnet** verbindt Malawi met de zeehaven bij Beira, in Mozambique. Het Malawimeer is een belangrijke verkeersader. Bij Lilongwe bevindt zich een internationale **luchthaven**.

Toerisme

In het aan natuurschoon rijke Malawi zijn het Malawimeer – het meer met de meeste vissoorten ter wereld – en het charmant gelegen Blantyre dé toeristische trekpleisters. Olifanten en neushoorns zijn te vinden in het Nationaal Park Nyika en in het Natuurreservaat Kasungu.

Mozambique

Oppervlakte:	799.380 km²
Hoofdstad:	Maputo
Staatsvorm:	Republiek
Administratieve indeling: 10 provincies, hoofdstad	
Bevolking: 16,5 miljoen (21 inw./km²)	
Talen: Portugees (officiële taal), Bantoetalen	
Bruto Nationaal Product: € 88 per hfd	
Munteenheid: 1 metical = 100 centavos	

Landschap

Achter de aan de Indische Oceaan gelegen kusten met veel baaien en koraalriffen bevinden zich uitgestrekte savannen en moessonbossen. In het noorden glooit het land al snel omhoog naar het berggebied (Monte Binga, 2436 m). Mangrovewouden kenmerken de moerassige gebieden bij de riviermondingen.
Grootwildjagers decimeren de voorheen grote aantallen antilopen, gazellen, olifanten en luipaarden.

Het Malawimeer staat erom bekend dat er bijzonder veel vis in zit.

Klimaat

Zware moessonregens in de zomer bepalen het tropische klimaat. In Maputo bedraagt de gemiddelde temperatuur 22 tot 26°C.

Bevolking

De bevolking is samengesteld uit Bantoestammen, waarbij de **Shangaan**, de **Chokwe**, de **Manyika** en de **Sena** de grootste etnieën vormen. 50% hangt de inheemse godsdiensten aan. Daarnaast is 30% moslim en 20% christen.

Geschiedenis en politiek

Het in 1498 ontdekte en in de 16de eeuw bezette Mozambique kreeg pas in 1975 na een langdurige guerrillaoorlog de **onafhankelijkheidsstatus** van de Portugese koloniale heersers.
De bevrijdingsbeweging riep in hetzelfde jaar de volksrepubliek uit, waarna in 1990 een parlementaire democratie met een nieuwe grondwet volgde. In 1992 werd na een langdurige, bloedige **burgeroorlog** een vredesverdrag gesloten met rechtsgeoriënteerde rebellen.

Economie

Uit de **landbouw** en **visserij** is 34% van het bruto nationaal product afkomstig. Meer dan de helft van de exportopbrengst is afkomstig van de verkoop van krabben en garnalen, die de **industriële sector** (13% van het bruto nationaal inkomen) verwerkt. Er is nauwelijks een begin gemaakt met de winning van grote voorraden bodemschatten (edel- en halfedelstenen, ijzererts, mineralen en metalen).
Van het omvangrijke privatiseringsprogramma heeft sinds de jaren negentig in eerste instantie de **dienstensector** geprofiteerd. In de zeehaven vindt ook de overslag plaats van goederen voor de buurlanden.

Verkeer

Het 30.400 km lange **wegennet** bestaat grotendeels uit onverharde wegen. Bovendien is het gebruik ervan sterk ingeperkt als gevolg van het feit dat er sinds het begin van de burgeroorlog landmijnen zijn verplaatst. Van grote betekenis voor het goederenverkeer met de buurstaten zijn zowel de 3200 km lange **spoorlijn** als de in totaal 3750 km lange, bevaarbare binnenscheepvaartroutes. Mozambique heeft drie internationale **luchthavens**.

Toerisme

Naast de talrijke natuurreservaten – zoals Gorongosa – en lange stranden zijn de voormalige koloniale handelssteden Mozambique en Maputo toeristisch interessant. De meeste voor de kust gelegen eilanden zijn veranderd in vakantieoorden.

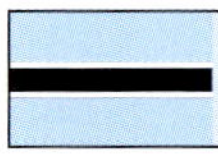

Botswana

Oppervlakte:	582.000 km²
Hoofdstad:	Gaborone
Staatsvorm:	Republiek
Administratieve indeling: 11 districten	
Bevolking: 1,45 miljoen (3 inw./km²)	
Talen: Setswana, Engels (officiële talen)	
Bruto Nationaal Product: € 3355 per hfd	
Munteenheid: 1 pula = 100 thebe	

Landschap

Het binnenland bestaat uit een continentaal plateau. De halfwoestijn **Kalahari** omvat bijna 80% van het grondgebied. Alleen in het zuidoosten zijn kleine grondoppervlakten geschikt voor akkerbouw. Aan de noordrand van de Kalahari vormt de Okavanga een landdelta met moeras- en rietgebieden. In het noordoosten bevindt zich de Makarikari Pan (zoutpannen)

Klimaat

Een zeer droog, subtropisch klimaat met 's zomers maximumtemperaturen tot 40°C. In de winter kan het kwik dalen tot 6°C. De temperatuur in de hoofdstad schommelt tussen 13°C in juli en 26°C in januari.

Bevolking

De bevolking is voor 75% samengesteld uit in totaal acht **Bantoestammen** die dezelfde taal – Setswana – spreken. 12% behoort tot het etnische volk **Shona**. In de Kalahari leven kleine groepen geïsoleerde, etnische nomaden. De politieke structuren zijn gebaseerd op eeuwenoude tradities.

*De **Okavanga** ontspringt in het Hoogland van Bihé en mondt uit in een afwateringsloos bekken in Botswana. In deze moerassige delta leeft een bijzonder soortrijke fauna. In het mondingsgebied verandert de loop van de rivier voortdurend.*

Geschiedenis en politiek

Al vanaf 1820 reisden de Engelse missionarissen steeds weer door dit land. Groot-Brittannië lijfde het tot dan toe onherbergzame Bechuanaland vanwege zijn strategisch belangrijke ligging – ten noorden van het gebied van de Boeren en oostelijk van Duits Zuidwest-Afrika – in 1885 in het imperium in.
Tot 1964 werd het land door de Britse ambassadeur in Zuid-Afrika bestuurd. Als republiek werd Botswana in 1966 **onafhankelijk**. De volksvertegenwoordiging is samengesteld uit een parlement en een kamer van hoofdmannen en stamvertegenwoordigers (samen 15 personen) als adviserend orgaan.

Economie

80% van de bevolking leeft van de **landbouw**, waarbij in de subsistentie-economie hoofdzakelijk veeteelt en graanverbouw tellen. Het lukt daardoor echter niet om meer dan ongeveer 50% van de eigen behoefte te dekken. In totaal gaat het om slechts 4% van het bruto nationaal product. De ruggengraat van de economie is de in de jaren zeventig ontdekte, aanzienlijke voorraad **minerale grondstoffen**. Alleen al door de winning van diamanten in de Kalahari wordt 70% van de deviezeninkomsten gehaald. Er bestaan grote voorraden ijzererts en steenkool. In de mijnbouw werkt maar 3% van de bevolking, waarbij 35% van het bruto nationaal product wordt verdiend.
Botswana vormt samen met Zuid-Afrika een douane-unie en importeert drie vierde van de benodigde goederen uit het buurland.

Verkeer

Het **wegen-** en **spoorwegnet** ontsluit op een goede wijze het bewoonde deel van Botswana. Gaborone sluit aan op de Transafrikaans Spoorlijn. Bij de hoofdstad bevindt zich ook een internationale **luchthaven**.

Toerisme

Ondanks de soortrijke fauna in de nationale parken is het land toeristisch tot nu toe nog nauwelijks ontsloten.

Namibië

Oppervlakte: 824.292 km²
Hoofdstad: Windhoek
Staatsvorm: Republiek binnen het Gemenebest
Administratieve indeling: 13 departementen
Bevolking: 1,6 miljoen (2 inw./km²)
Talen: Engels (officiële taal), Afrikaans, Duits
Bruto Nationaal Product: € 2222 per hfd
Munteenheid: 1 Namibiëdollar = 100 cents

Landschap

Evenwijdig aan de kust strekken zich de zandstreken en rotsachtige gebieden van de **Namibwoestijn** uit. De Brandberg (2574 m) vormt de steile overgang naar een golvend plateau in het binnenland. In het oosten glooit het tot 1000 m naar beneden in de richting van het **Kalaharibekken**. In het noorden, in de regio Kavango, bevindt zich op 1050 m hoogte de unieke **Etosha Pan**, een van de grootste zoutvlakten van Afrika. In het noordoosten ligt de Caprivistrook, een op plaatsen 90 km brede strook die met een lengte van 450 km tot aan de Zambesi reikt.

Klimaat

Er heerst een subtropisch klimaat met droge winters en warme zomers. De temperaturen zijn door de hoge ligging gematigd, in de hoofdstad daardoor gemiddeld 22°C. De doornstruiksavanne kenmerkt het landschap.

Bevolking

De stam **Ovambo** vormt met meer dan 50% de grote meerderheid. Bij de overige etnische bevolkingsgroepen horen de **Kavango** (9%), de **Herero** en de **Damaro** (elk 7%). 7% van de Namibiërs heeft Europese voorouders. 86% is christen, voornamelijk protestant. Slechts ongeveer 7% spreekt Engels, de officiële taal. Afrikaans en Duits worden het meest gesproken, verder Oshivambo, Herero en Nama.

Geschiedenis en politiek

Toen in het midden van de 19de eeuw de eerste contacten met de blanke handelaren en missionarissen waren gelegd, werd het gebied in 1884 tot een kolonie van **Duits Zuidwest-Afrika** verklaard. Na verscheidene opstanden kreeg de belangrijkste Duitse kolonie in 1907 zelfbestuur. Na de bezetting in 1915 door Zuid-Afrika werd Zuidwest-Afrika in 1920 door de Volkerenbond aan Zuid-Afrika overgedragen, die het land tot 1966 bestuurde. Vanaf 1959 ontstond er verzet tegen de bestuursmacht. Aan de bloedige **guerrillaoorlog** kwam een einde na een staakt-het-vuren.
Op de in 1990 gerealiseerde onafhankelijkheid volgde een democratische grondwet. De in 1957 in het leven geroepen **SWAPO**, die vanaf het begin het verzet droeg, is ook tegenwoordig nog steeds de belangrijkste politieke factor.

Economie

De meest van belang zijnde economische bezigheid is de **landbouw**. Meer dan 50% van de bevolking is erin werkzaam, met zelfvoorziening als doel. De veeteelt zorgt voor het belangrijkste exportproduct – rundvlees. De productieve **visserijsector** dient door de belangrijke haven Walvisbaai verder uitgebouwd te worden. De **mijnbouw** vormt de ruggengraat van de economie, dankzij de omvangrijke delfstofvoorraden (diamant, uranium, koper, zink en goud) die 20% van het bruto nationaal product voor hun rekening nemen en samen een zwaarwegende deviezenbron zijn. Er bestaan nauwe economische banden met Zuid-Afrika.

Verkeer

Namibië beschikt over een goed uitgebouwd **spoorweg-** en **wegennet**, alsook over een relatief dicht netwerk van binnenlandse **luchtvaartverbindingen**. Bij Windhoek bevindt zich een internationale **luchthaven**. Walvisbaai heeft de belangrijkste **handelshaven**.

Toerisme

Namibië heeft veel natuurschoon te bieden, dankzij de Namibwoestijn, de Etosha Pan en talrijke nationale parken. Overblijfselen uit de koloniale tijd zijn de badplaatsen Lüderitz, Swakopmund en Walvisbaai.

Zuid-Afrika nu

ANC-aanhangers vieren de verkiezingsoverwinning van hun partij.

De apartheidspolitiek in Zuid-Afrika vormt een van de zwartste bladzijden in de moderne geschiedenis van zwart Afrika. Na het einde van de rassenscheiding en de verkiezing van Nelson Mandela als president begon voor Zuid-Afrika een voor Afrikaanse begrippen ongewone fase die in het teken stond van vrijheid en liberalisme.

Internationale sancties en een mislukte militaire inzet in Angola leidden vanaf 1988 tijdens het bewind van president Botha tot een geleidelijk minder strenge uitvoering van de rigoureuze apartheidspolitiek. Zijn opvolger Frederik W. de Klerk zette met de vrijlating van Nelson Mandela en het begin van de onderhandelingen met het ANC de toon voor een fundamentele verandering. Tijdens de eerste vrije verkiezingen, waaraan alle Zuid-Afrikanen mochten deelnemen, kwam het ANC in 1994 onmiskenbaar als winnaar uit de bus, waarna Mandela op 10 mei tot president werd gekozen.

Scheiding van de macht, gelijkstelling van zowel etnische bevolkingsgroepen als mannen en vrouwen, vrijheid van meningsuiting en godsdienst – het zijn allemaal belangrijke elementen in een grondwet die door alle maatschappelijke groeperingen wordt erkend. Correct was ook de verwerking van het verleden met behulp van de Waarheidscommissie.

Grote foto: Op de Tafelberg is apartheid verleden tijd.

Boven: De townships waren de broeinesten van het verzet.

Rechts: Pohla Pak is een van de townships bij Soweto.

*De **Herero**, een herdersvolk dat runderen houdt, leeft volgens eigen economische normen, geheel conform de tradities van weleer. Ze migreerden in de 17de en 18de eeuw vanuit het noordoosten van Afrika naar de gebieden rond Windhoek. Als gevolg van de uitroeiingsoorlog van de voormalige Duitse koloniale macht bleven er van de oorspronkelijke 80.000 nog maar 20.000 mensen over. De taal van de tegenwoordig veelal christelijke Herero is een Bantoetaal en op de Namibische scholen van tegenwoordig een keurig studievak.*

Zuid-Afrika

Oppervlakte:	1.220.000 km^2
Hoofdstad:	Pretoria
Staatsvorm:	Republiek

Administratieve indeling: 9 provincies
Bevolking: 41miljoen (34 inw./km^2)
Talen: Engels, Afrikaans, Zoeloe, Bantoetalen (officiële talen)
Bruto Nationaal Product: € 3511 per hfd
Munteenheid: 1 rand = 100 cents

Landschap

Zuid-Afrika is binnen de drie grote landschappelijke gebieden van het hoogland onderverdeeld in het grote randmassief en de kuststreek. Het uitgestrekte hoogland Hogeveld, van 1000 tot 1800 m, wordt gekenmerkt door eilandbergen en het grote randmassief, in het oosten vooral en het duidelijkst door de Drakensbergen. Aldaar bevindt zich ook de hoogste berg, de Njesuthi (3408 m). Bij het randmassief volgt de doorgaans smalle en slechts matig gelede kust. Tot het grondgebied behoren ook de Prins-Edwardeilanden.

Klimaat

Het klimaat komt overeen met de warme-gematigde subtropen. Plaatselijk zijn er echter verschillen als gevolg van de hoogte en de zeestromingen. In Pretoria is de gemiddelde temperatuur 11°C in juli en 21°C in januari.

Bevolking

Drie vierde deel van de Zuid-Afrikanen behoort tot de grote etnische groepen, ofwel de **Zoeloe**, de **Xhosa**, de **Pedi**, de **Sotho**, de **Tswana**, de **Tsonga**, de **Swazi**, de **Ndebele** en de **Venda**, terwijl 13,6% van Europese afkomst is. Naast 9% mulatten wonen er ook Aziaten (2,6%). 70% van de Zuid-Afrikanen is christen. Naast de in totaal elf officiële talen bestaan er talrijke dialecten.

Geschiedenis en politiek

Terwijl de vestiging van de zwarte bevolking al in de 2de en 3de eeuw plaatsvond, ontstond de Hollandse Kaapkolonie in 1652. Sinds Groot-Brittannië het land in 1795 veroverde en de Britse kolonisten naar Zuid-Afrika haalde, kwam het telkens tot conflicten tussen de Hollandse **Boeren** en de Engelsen. Als gevolg daarvan ontstonden eerst zowel de Boerenrepublieken **Transvaal** en **Oranje Vrijstaat** als de Britse kroonkolonie Natal, die na de Boerenoorlogen in 1902 allemaal Brits werden. De koloniën – sinds 1910 samengevoegd in de dominion Unie van Zuid-Afrika – verkregen in 1926 en respectievelijk 1931 hun **onafhankelijkheid**. Tegen de racistische blanke apartheidspolitiek voerden de **zwarten** onder leiding van het ANC (African National Congress) een verbitterde en sinds 1960 ook gewapende strijd. In 1989 kwam het proces van langdurige onderhandelingen tussen de regering en het ANC op gang om te komen tot een nieuwe grondwet en de afschaffing van de rassendiscriminatie.

Economie

Naast de verwerkende **industrie** dragen de **dienstensector**, de **handel** en de **mijnbouw** het meeste bij aan het bruto nationaal product. Het aandeel van de **landbouw** is relatief gering, ook al domineert deze sector samen met de mijnbouw de exportopbrengsten. Met betrekking tot de goud- en platinawinning staat Zuid-Afrika wereldwijd op de eerste plaats. Sinds 1994 heeft de economie van Zuid-Afrika een positieve stimulans gekregen dankzij de automobiel- en exportindustrie.

Verkeer

Zuid-Afrika beschikt over een goede infrastructuur, waarbij inbegrepen de drie internationale **luchthavens**. Bij de belangrijkste **havens** horen die van Durban, Kaapstad en Port Elisabeth.

Toerisme

Zuid-Afrika is een van de meest geliefde vakantielanden. Er is natuurschoon in overvloed. Tot de meest beroemde van de vele nationale parken behoort het Krügerpark met de talrijke soorten en grote aantallen Afrikaans groot wild. Een ander zeer gewild gebied is de Westkaap, met haar wijngebieden en prachtige kusten.

1 De Himba in Namibië vestigden zich op het zogenoemde 'Kaokoveld', een droog bergachtig gebied. Ze houden runderen, geiten en schapen. Bovendien verbouwen ze maïs en pompoenen.

2 De Namibwoestijn bevindt zich langs de kust van Namibië. In het binnenland valt jaarlijks minder dan 20 mm regen. Lage temperaturen en nevelvorming kenmerken deze kustwoestijn.

3 Camps Bay, een voorstad van Kaapstad in Zuid-Afrika, ligt pal onder de 'Twaalf Apostelen'. De strandpromenade is populair bij dagjesmensen.

*De **Ndebele**, een stam die zich vooral in Zimbabwe heeft gevestigd, woont ook in de Republiek Zuid-Afrika. Daar vormen ze een etnische minderheid. De Ndebele-vrouwen zijn beroemd om hun kleurrijke kunstwerken waarmee ze de muren van hun huizen verfraaien.*

Lesotho

Oppervlakte: 30.355 km²
Hoofdstad: Maseru
Staatsvorm: Constitutionele monarchie binnen het Gemenebest
Administratieve indeling: 20 arrondissementen
Bevolking: 1,98 miljoen (66 inw./km²)
Talen: Sesotho, Engels
Bruto Nationaal Product: € 855 per hfd
Munteenheid: 1 loti = 100 lisente

Landschap

Het midden van het land en het oostelijk gedeelte met de Drakensbergen bevinden zich in een hooggebergte (Thabana Ntlenyana, 3482 m), maar het westen bestaat uit hoogten tussen de 1000 tot 1500 m. Aldaar nauwelijks bomen en struiken, maar overwegend grassavannen en bergweiden.

Klimaat

Gematigd subtropisch klimaat. In de hoofdstad heerst een gemiddelde temperatuur van 25°C in de zomer en 15°C in de winter. Heftige en lang aanhoudende regens kenmerken de zomer.

Bevolking

De bevolking van Lesotho is voor 99,7% samengesteld uit **Basothos**. Daarnaast wonen er kleine Europese en Aziatische minderheden. 80% van de inwoners is christen en 20% hangt de inheemse godsdiensten aan.

Geschiedenis en politiek

Het koninkrijk **Basotho** ontstond in de 19de eeuw. De heerser haalde de Britten in 1868 als beschermende mogendheid binnen. In 1966 kwam er een einde aan de status van Brits protectoraat en kreeg het land de **onafhankelijkheid**.
Sinds 1993 is Lesotho een constitutionele monarchie; de vorst Moshoeshoe II heeft evenwel slechts een representatieve functie.
Kenmerkend is de traditionele en in alle opzichten nauwe band met Zuid-Afrika; van de economie tot aan interne politiek. Toen er aangaande de binnenlandse politiek verwarring heerste, marcheerden orde herstellende Zuid-Afrikaanse troepen het land in en bleven tot 1999.

Economie

De **landbouw** is als gevolg van spaarzame akkergronden en terugkerende droogte slechts zwak ontwikkeld. Naast de verbouw van graan is in eerste instantie de veeteelt van belang. Delfstoffen zijn nauwelijks voorhanden. De belangrijkste economische bedrijvigheid voor binnenlands gebruik is de verwerkende industrie, in het bijzonder de textiel- en lederverwerkende sector. Dankzij buitenlandse investeringen wordt deze economische tak tegenwoordig interessant gemaakt voor de export. De overboekingen van de **gastarbeiders**, die in de mijnen van Zuid-Afrika werken, vormen tenslotte een aandeel van 33% in het bruto nationaal product.

Verkeer

Het in totaal amper 5000 km lange **wegennet** bestaat voor het grootste deel uit onverharde wegen. Vanaf de hoofdstad zijn er goede **trein-** en **luchtvaartverbindingen** met Zuid-Afrika.

Toerisme

Het toeristisch centrum van het land is de hoofdstad met de talrijke casino's en grote hotels. Het omliggende gebergte is interessant voor wandelaars (tip!).

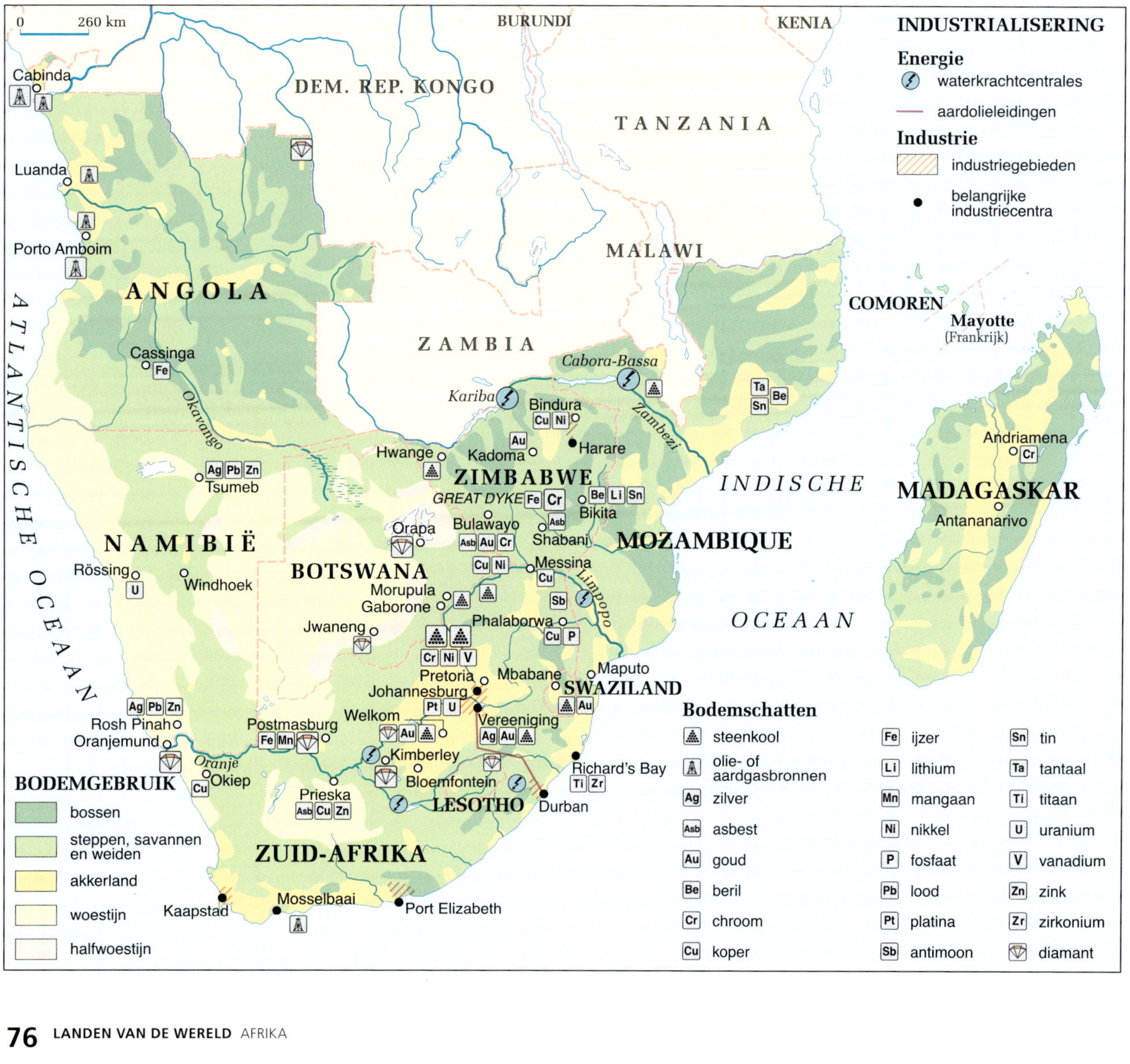

Mandela, Nelson Rohlilahla

* Qunu 18.7.1918

De ANC-leider ging na het verbod op de organisatie in 1961 ondergronds en organiseerde het verzet tegen het Zuid-Afrikaanse apartheidssysteem. In 1964 werd hij tot levenslang veroordeeld. Hij kwam pas in 1990 vrij, na internationale druk. Na de eerste vrije verkiezingen werd Mandela – die intussen de Nobelprijs voor de vrede had gekregen – in 1994 staatspresident. Voor een tweede ambtstermijn stelde hij zich niet meer beschikbaar.

Tutu, Desmond Mpilo

* Klerksdorp 7.10.1931

De anglicaanse priester was van 1976 tot 1978 bisschop van Lesotho, van 1978 tot 1984 secretaris van de door hem in het leven geroepen Zuid-Afrikaanse kerkenraad, van 1984 tot 1986 bisschop van Johannesburg, van 1986 tot 1996 aartsbisschop van Kaapstad en vanaf 1987 president van de Algemene Kerkenconferentie. In 1984 kreeg hij voor de zijn inzet tegen de apartheid de Nobelprijs voor de vrede. Van 1996 tot 1998 was hij voorzitter van de 'Waarheidscommissie'.

Sangoma zijn medicijnmannen of genezende vrouwen van de Zoeloe en de aan hen verwante Swazi, waaruit 85% van de bevolking van Swaziland bestaat. Ze worden beschouwd als specialisten als het gaat om religieuze rituelen en kunnen naar verluidt ziekten door bovennatuurlijke krachten genezen. Ziekte geldt als de toorn der goden en kan door hekserij en magie worden opgeroepen. Naast de spirituele technieken bedienen de genezers zich ook van andere methoden, zoals het helen met behulp van kruiden en massage.

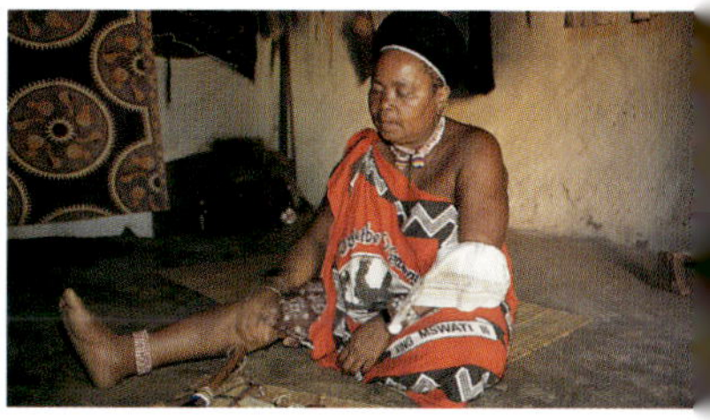

Swaziland

Oppervlakte:	17.363 km^2
Hoofdstad:	Mbabane

Staatsvorm: Constitutionele monarchie binnen het Gemenebest
Administratieve indeling: 273 stamgebieden, 55 traditionele raden
Bevolking: 906.000 (53 inw./km^2)
Talen: Engels, Siswati (officiële talen)
Bruto Nationaal Product: € 1300 per hfd
Munteenheid: 1 lilangeni = 100 cents

Landschap

Het door Zuid-Afrika en Mozambique omgeven land bevindt zich aan de oostkant van de **Drakensbergen** en is in vier landschappen onder te verdelen. In het westelijk gelegen hoogland, het Hogeveld met plateaus en dalen tussen de 1000 en 1800 m, zijn grote bosbouwplantages te vinden, terwijl het 500 tot 1000 m hoge **Middenveld**, met gras- en doornstruiksavannen, voor akkerbouw en veeteelt wordt gebruikt. Naast het 150 tot 500 m hoge, eveneens agrarisch aangewende oostelijk gelegen laagland (Lageveld), bevinden zich de **Lebomboplateaus**, een bergland van 500 tot 800 m hoog.

Klimaat

Terwijl het subtropische, gematigde westen wordt gekenmerkt door hoge neerslaghoeveelheden, is het in het oosten van het land warm en droog. In de hoofdstad schommelt de gemiddelde temperatuur tussen 12°C in juli en 29°C in januari.

Bevolking

De bevolking is voor 97% samengesteld uit **Swazi**. 60% is christen, 40% hangt de inheemse godsdiensten aan.

Geschiedenis en politiek

De Bantoestam Swazi bevolkte het gebied vanaf het midden van de 18de eeuw en stichtte in 1815 een koninkrijk. In 1868 kwamen de eerste Boeren en vanaf 1877 ook steeds meer Engelsen. Het in 1907 tot Brits protectoraat verklaarde Swaziland kreeg in 1968 de **onafhankelijkheidsstatus**. De grondwet uit 1978 kent de koning verregaande uitvoerende en legislatieve machtsbevoegdheden toe die ondanks een grote democratiseringsdruk ook na de grondwetswijziging in 1992 maar voor een deel ingeperkt konden worden.

Economie

Traditioneel staat de economie van Swaziland in eerste instantie in het teken van de vervaardiging van land- en bosbouwproducten. Maar de productverwerking in het kader van een exportgeoriënteerde **industrie** speelt in toenemende mate een rol. Als gevolg van een structuurverandering heeft de producerende sector inmiddels een aandeel van 42% in het bruto nationaal product. De bijdrage van de **dienstensector** is zelfs 48%. Terwijl de betekenis van de mijnbouw (ijzererts, asbest) sterk is afgenomen, is de toeristenindustrie in ontwikkeling.

1

2

3

4

Verkeer

Via het slechts 224 km lange **spoorwegnet** worden hoofdzakelijk goederen naar Mozambique getransporteerd. Het **wegennet**, met een lengte van 2885 km, is alleen tussen de belangrijke plaatsen geasfalteerd, voor de rest betreft het pisten.
De **luchthaven** bij Mbabane is niet internationaal. Voor die bestemmingen moet men via Johannesburg vliegen.

Toerisme

In de hoofdstad zijn amusementswijken gekomen; ze trekken talloze toeristen aan. Landschappelijk zeer interessant zijn daarentegen zowel de berggebieden als de wildreservaten Milwane, Malolotja en Ehlane.

1 Boven een rivierdal rijden Basotho-mannen – een etnisch volk dat in de 18de eeuw bij Mahhaleng in Lesotho arriveerde.

2 De Zuid-Afrikaanse metropool Durban lokt de mensen met een schitterende skyline, mooie badstranden en een mondaine jachthaven.

3 Genieten op de tafelberg van een betoverende blik op Kaapstad, een van 's wereld mooist gelegen steden.

4 Veel Sotho – leden van een Bantoestam waaruit bijna de hele bevolking van Lesotho is opgebouwd – wonen in dorpen met traditionele huizen.

Madagaskar, Comoren, Mauritius

*De bevolking van **Madagaskar** onderscheidt zich duidelijk van de inwoners van het vasteland. De meesten zijn afstammelingen van Polynesische migranten die 2000 jaar geleden ook de natte rijstverbouw introduceerden.*

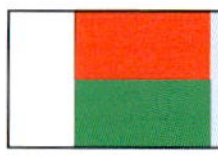

Madagaskar

Oppervlakte: 587.041 km²
Hoofdstad: Antananarivo
Staatsvorm: Republiek
Administratieve indeling: 28 departementen
Bevolking: 14.69 (25 inw./km²)
Talen: Madagaskisch, Frans (officiële talen), Howa
Bruto Nationaal Product: € 255 per hfd
Munteenheid: 1 Madagaskische franc = 100 centimes

Landschap

Het op drie na grootste eiland op aarde heeft een tot 2876 m hoog, langzaam stijgend gebergte (het Ankaratragebergte) en in het westen een kustvlakte. Aan de westkant van de bergen bevindt zich een hoogland.

Klimaat

Tropisch klimaat met zeer verschillende neerslaghoeveelheden. In het oosten, aan de Indische Oceaan, is een weelderig tropisch regenwoud als gevolg van de grote neerslaghoeveelheden. De unieke flora en fauna op het eiland wordt bedreigt door afbranden, vaak voorkomende wervelstormen, springvloeden en aardbevingen.

Bevolking

De hoofdzakelijk **Malagassisch-Indonesische** bevolking – de helft is christen, de andere helft hangt inheemse godsdiensten aan – is onderverdeeld in meer dan 20 stammen. Sociale welzijns- en gezondheidszorg zijn net zo gebrekkig als de basisvoedselvoorziening.

Geschiedenis en politiek

De Portugezen ontdekten het eiland – dat al vroeg in de geschiedenis vanuit Zuid-Azië werd gekoloniseerd – en vestigden zich samen met de Fransen aan de kust. De inheemse bevolking verzette zich tot 1896 met succes tegen elke kolonisatiepoging. In 1960 werd de Franse kolonie **onafhankelijk**. De grondwet uit 1993 voorziet in een parlement (twee kamers).

Economie

De **landbouw** vormt de bestaansbasis voor 75% van de bevolking. Kleinschalige boeren verbouwen hoofdzakelijk rijst, maniok, maïs, zoete aardappelen, mango's, bananen en suikerriet. De belangrijkste **exportproducten** zijn koffie, vanille, kruidnagels, katoen, sisal, aardnoten en tabak. In de visserij zijn garnalen, tonijn en zeekreeft de uitvoerproducten die in een zwak ontwikkelde industrie worden verwerkt. De niet onaanzienlijke hoeveelheden **bodemschatten** worden tot nu toe nauwelijks gewonnen.

Verkeer

Slechts 10% van de **wegen** is geasfalteerd. Vooral de secundaire wegen zijn niet altijd begaanbaar. Het belangrijkste vervoermiddel is de **trein**; het netwerk van binnenlandse vluchten behoort tot de dichtste op het zuidelijk halfrond.

De vrijdagmoskee in Mutsamudu op het Comoreneiland Anjouan.

Toerisme

Naast de talrijke beschermde natuurgebieden, waar halfapen, talloze inheemse reptielen (kikkers, kameleons) en civetkatten zijn te observeren, is ook de hoofdstad met de grote vrijdagmarkt toeristisch interessant.

Comoren

Oppervlakte: 1862 km²
Hoofdstad: Moroni
Staatsvorm: Islamitische, presidentiële republiek
Administratieve indeling: 3 eilanddistricten
Bevolking: 500.000 (269 inw./km²)
Talen: Comoors, Frans (officiële talen), minderheidstalen
Bruto Nationaal Product: € 522 per hfd
Munteenheid: 1 Comorenfranc = 100 centimes

Landschap

Het grondgebied bestaat uit zowel de grotere eilanden **Ngazidja**, **Mwali**, en **Ndzuani** als de kleine eilanden voor de kust van Oost-Afrika. Deze zijn grotendeels van vulkanische oorsprong. De hoogste actieve vulkaan is de Karthala (2361 m).
In de hogere gebieden van het gekloofde bergmassief heeft het tropisch regenwoud plaatsgemaakt voor savanne. Aan de smalle kusten – met voor de kust koraalriffen – gedijen mangroven.

Klimaat

Het tropisch klimaat zorgt voor grote neerslaghoeveelheden. De temperatuur bedraagt door het jaar heen gemiddeld 25°C.

Bevolking

De gemengde bevolking is samengesteld uit Afrikaanse, Arabische, Indische en Madagaskische migranten. Als gevolg van de lage scholing kan de helft van de bevolking lezen noch schrijven. De sociale welzijns- en gezondheidszorg zijn volstrekt ontoereikend.

Geschiedenis en politiek

De Perzen en Arabieren heersten al in de 16de eeuw op deze eilanden. De in 1843 door Frankrijk gestichte **kolonie** op het buureiland Mayotte kreeg in 1912 op de Comoren een vervolg. In 1975 verwierf de eilandengroep de **onafhankelijkheidsstatus**. Na jarenlange politieke instabiliteit leidde de oprichting van een islamitische republiek in augustus 1971 tot de onafhankelijkheid van de eilanden Moheli (Mwali) en Anjouan (Nzwani). Sindsdien zijn er onderhandelingen.

Economie

In de **landbouw** is 80% van de bevolking werkzaam. Een groot deel daarvan verbouwt ongeveer de helft van de benodigde voedingsmiddelen (**subsistentie-economie**). De staat houdt grote delen van de landbouwgebieden onder toezicht. Of het betreft streken die als plantages voor de hoofdexportproducten worden gebruikt en die de zwak ontwikkelde industrie verder verwerkt, zoals vanille, kruidnagels, kokos en essences voor de parfumindustrie. De industriële sector, waar in totaal 6% van de beroepsbevolking werkzaam is, bestaat voor de rest alleen uit kleine bedrijven die voor een bescheiden binnenlandse markt produceren.

Verkeer

Als gevolg van de landschapsvorm op de eilanden zijn er nauwelijks **wegen** en is er geen **spoorlijn**. Scheepvaart- en luchtvaartverbindingen zijn niet regelmatig. Bij Moroni bevindt zich een internationale **luchthaven**.

Toerisme

Het toerisme heeft te lijden onder de gebrekkige infrastructuur, maar wordt verder ontwikkeld. Op de Comoren leven enkele zeldzame en inheemse diersoorten, zoals de Mongozmaki. Naast de Arabisch getinte hoofdstad Moroni trekken in het bijzonder de kratermeren en palmenstranden veel bezoekers aan.

Mauritius

Oppervlakte: 2040 km²
Hoofdstad: Port Louis
Staatsvorm: Republiek
Administratieve indeling: 3 districten, 3 depententies
Bevolking: 1,1 miljoen (540 inw./km²)
Talen: Engels (officiële taal), Crioulo, Hindi, Urdu
Bruto Nationaal Product: € 3755 per hfd
Munteenheid: 1 Mauritiusroepie = 100 cents

Landschap

Met 882 m is de Piton de la Rivière Noire de hoogste (vulkanische) berg van het eiland.
Voor de kust met veel baaien en witte stranden bevinden zich koraaleilanden. Tot het grondgebied behoren ook het eiland Rodriguez, de Agalega-eilanden en de Cargados Carajoseilanden.

Klimaat

Een vochtig-warm, subtropisch klimaat. De regentijd duurt van mei tot oktober. De gemiddelde temperatuur bedraagt gedurende het hele jaar 25°C. Het oorspronkelijk weelderige regenwoud is alleen nog in de beschermde natuurgebieden behouden gebleven.

Bevolking

Met betrekking tot de samenstelling van de bevolking is er sprake van een grote etnische en culturele diversiteit. 68% is nazaat van **Indische plantagearbeiders** en 27% van **creolen**; van deze groep vormen de hindoes met 52% de hoofdmoot. Verder is 29% christen en 17% moslim.

Geschiedenis en politiek

De Hollanders bezetten in de 16de eeuw deze al in de 10de

Het adembenemende landschapsschoon van de ***eilandstaten*** *Mauritius en de Seychellen vormt een belangrijk kapitaal van deze landen. Sprookjesachtige stranden, optimale duikmogelijkheden en een goede infrastructuur lokken veel toeristen.*

eeuw bekende eilanden en voerden een plantage-economie in. In de 18de eeuw namen de Fransen de kolonie over en brachten Afrikaanse slaven naar de Comoren. Onder de Engelse koloniale heerschappij van 1810 tot aan de **onafhankelijkheid** kwamen er Indische plantagearbeiders bij. In 1992 werd de Republiek Mauritius uitgeroepen. Het land bleef echter deel uitmaken van het Britse Gemenebest.

Economie

In de **landbouw** is 14% van de beroepsbevolking werkzaam. Van opvallend belang is de verbouw van suikerriet.
Drie vierde van de voedingsmiddelen moet worden geïmporteerd. De overheid stimuleert de verbouw van aardappelen, groenten, bananen en ananas.
De textiel-, de wol- en de suikerrietverwerking vormen de basis van de exportgeoriënteerde **industrie**. Vooral kleine bedrijven produceren gebruiksartikelen voor de binnenlandse markt.
In het toerisme, dat een sterke invloed heeft op de sterk groeiende **dienstensector**, is inmiddels 16% van de beroepsbevolking werkzaam.

Verkeer

Het **wegennet** is goed. Er bestaan regelmatige scheepvaart- en luchtvaartverbindingen met de andere eilanden. Bij Port Louis bevindt zich een internationale **luchthaven**.

Toerisme

De hoofdstad vormt het middelpunt van de goed functionerende toeristische sector. Ook de natuurgebieden aan de Rivière Noire en Ile Aigrettes, waar zowel vruchten etende vleermuizen als veel vogelsoorten leven, zijn prima te bereiken. Lange sprookjesstranden en duikgebieden zijn bovendien ook op de andere eilanden te vinden.

Seychellen

Oppervlakte: 454 km²
Hoofdstad: Victoria
Staatsvorm: Republiek binnen het Gemenebest
Administratieve indeling: 23 districten
Bevolking: 74.000 (163 inw./km²)
Talen: Engels, Frans, Crioulo
Bruto Nationaal Product: € 7355 per hfd
Munteenheid: 1 Seychelse roepie = 100 cents

Landbouw

Tot de in het westelijk deel van de Indische Oceaan gelegen eilandengroep behoren meer dan 90 eilanden, waarvan minder dan de helft is bewoond. Terwijl het bij vele daarvan om koraaleilanden of atollen gaat en ze samen goed zijn voor een totale oppervlakte van 210 km², zijn de hoofdeilanden **Mahé**, **Praslin**, **Silhouette** en **La Digue** bergachtig – op het grootste eiland Mahé (158 km²) bereikt het gebergte een hoogte tot 905 m – en is de vegetatie er karig.

Klimaat

Het tropische oceaanklimaat verdeelt het jaar in een regenarme, relatief koele (mei tot september) tijd en in een regenrijk, warm jaargetijde wanneer de noordwestmoesson heerst (december tot maart).

Bevolking

De bevolking is voor 98% samengesteld uit christenen en heeft Aziatische, Afrikaanse en Europese voorouders. Als gevolg van de florerende toeristenindustrie hebben de Seychellen van alle Afrikaanse landen een van de hoogste inkomens per hoofd van de bevolking. 90% woont op Mahé.

Geschiedenis en politiek

De door Vasco da Gama in 1501 ontdekte, verlaten eilandengroep werd vanaf 1756 een Franse en was van 1794 tot 1811 een Engelse kolonie. Vanaf 1903 hadden de Seychellen de status van autonome Britse kroonkolonie. Na de **onafhankelijkheid** in 1976 volgde aanvankelijk een jarenlang durende politieke instabiliteit, waarbij de grondwet door een coup niet meer van toepassing was. De presidentiële grondwet kent de president ruime bevoegdheden toe.

Economie

Naast de traditionele economische geledingen, ofwel de **landbouw** en de **visserij**, heeft het toerisme op de Seychellen zich tot een belangrijke economische factor ontwikkeld. De belangrijkste exportproducten zijn zoals voorheen vis, kaneel en kopra. In de nabije toekomst wil het land bovendien een financieel en goederenoverslagcentrum worden.

Verkeer

De Seychellen beschikken over een uitstekende infrastructuur. **Schepen** en **vliegtuigen** verbinden de grote en kleine eilanden met elkaar en vormen de belangrijkste transportmiddelen.

Toerisme

De spreekwoordelijke sprookjesachtige stranden zijn niet alleen op Mahé te vinden. En de beschermde natuurgebieden op zowel Praslin als het eiland Silhouette zijn de belangrijkste toeristische trekpleisters.

REGISTER

FOTOVERANTWOORDING

De volgende afkortingen zijn gebruikt: DFA = Das Fotoarchiv, FAN = FAN Agentur der Fotografen, Hub = Bildagentur Huber, Mau = Mauritius, Prem = Premium Stock Photography

2/3 Prem-Lik/Pan. Images; 4/4 Pix-APL/La Motta; 5.1 DFA/Stark; 6 kop: 1,2 Laif/Emmler; 6.1 AKG; 7 kop: DFA/Berge; 7.1 FAN/Mross; 7.2 Prem/Segal/Pan. Images, 7.3 Sekai Bunka; 8/9 Corbis/TSM/Faulkner; 9.1 Prem/Japack; 10 kop: Corbis/TSM/Lloyd; 10.1 Prem/Hicks; 12 kop: FAN/Heinrichson; 13 kop: DFA/Cohen; 13.1,2 Prem/Gray/Pan.Images, 13.3 Prem/Sekai Bunka; 14 kop: Prem/Pan.Images; 15 kop: 1 Prem/Pecha; 15 kop: 2 Pix/IFA; 15.1 Prem/Schott, 15.2 Schott, 15.2 Graham, 15.3 Images Colour; 16 kop: DFA/Cohen, 17 kop: DFA/Cohen; 18 kop: stone/Hiser; 18.1 stone/Strachan;19 kop: DFA/Wheeler; 19.1 stone/Chesley; 19.2 Corbis/TSM/Nachoum; 19.3 DFA/Wheeler; 20/21 Hub/Damm; 21 Laif/Ulutuncok; 22 kop: 1,2 Riehle; 22.1 DFA/Schwertberger; 23 kop: 1,2 AKG; 23.1 Prem/Vidler/Nawrocki Stock; 23.2 Laif/Ulutuncok; 23.3 Prem/Stanfield/NGS; 23.4 DFA/Stark; 24 kop: 1,2 AKG; 24.1 DFA/Mayer; 24.2,3,4 Laif/Ulutuncok; 25 kop: 1,2,3 AKG; 25.1 Laif/Bindrim, 25.2 Emmler, 25.3 Ulutuncok, 25.4 Püschner; 26/27 DFA/ Cristofori; 27.1 stone/Jecan; 28 kop: Laif/Specht; 28.1 Prem/Damm; 29 kop: Mau/Doug Scott; 30 kop: 1,2, 31 kop: Laif/Gartung; 31.1 Pix/Transworld Photo; 31.2,3,4 Laif/Gartung; 32 kop: stone/Molenkamp; 33 kop: Laif/Krause; 33.1,3 DFA/Riedmiller; 33.2 Prem/Roda; 33.4 stone/Press; 34.1 Laif/Gartung, 34.2,3 Ulutuncok; 34.4 Mau/Visa Image; 35.1Laif/A. Neumann, 35.2 Ulutuncok, 35.3 Shirley; 35.4 Prem/Matthews; 36.1 Mau/Pigneter; 37.1 Laif/Huber; 37.2 FAN/Schindel; 37.3,4,5 Laif/Ulutuncok; 37.6,8 Focus/Pascal Maitre; 37.7 Laif/Gartung, 37.9,10,11,12 Ulutuncok; 37.13 Pix/Aberham; 37.14 Laif/ RFA/Boisseaux-Chical, 37.15,16, Ulutuncok, 38.17 Emmler, 38.18 Riehle, 38.19 Ulutuncok, 38.20 Emmler; 38.21 FAN; 38.22,23 Laif/Ulutuncok, 38.24 Gartung; 38.25 DFA/Christoph; 38.26 Laif/Ulutuncok, 38.27,28 Emmler, 38.29 Riehle; 38.30 Focus/Y.Gellte; 39.1 Laif/Emmler, 40 kop: Ulutuncok, 40.1 Boisseaux-Chical; 41 kop: Pix/Havlicek; 41.1 stone/Rothefeld; 41.2 Prem/Hilger; 41.3 Mau/De Foy; 42 kop: Pictor; 42.1 Pix/Bagni; 43 kop: mediacolor's/WMB, 43.1 Buck; 43.2 TG/Spreckels; 43.3 mediacolor's/Ehlers; 44 kop: DFA/Stark; 44.1 Laif/Huber; 45 kop: Pictor; 45.1,2,3 Laif/Huber, 46 kop: Sprague; 47 kop: Pictor; 47.1,3 Laif/Hoogte, 47.2 Herzau, 47.4 Ulutuncok, 48 kop: Bessard/RFA; 48.1 DFA/Müller, 49 kop: 1,2 Bolesch, 49.1 Mueller, 49.2,3 Martel, 50 kop: 1,2 Christoph; 50.1 Pix/Berger; 51.1 DFA/Stark, 51.2 ,3 Christoph; 51.4 IFA/BCI; 52 kop: 1,2 DFA/Christoph; 52.1 Pix/Havi; 53 kop: 53.1,2 DFA/Christoph; 53.3 Pix/Havi; 54 kop: Laif/Gartung; 55 kop: 1,2 DFA/Christoph; 55.1 Pix/Aberham; 55.2 DFA/Christoph; 55.3 Pix/Aberham; 56 kop: Mau/Weimann, 57 kop: 1,2 De Foy; 57.1,2,3 Laif/Ulutuncok; 57.4 mediacolor's; 58 kop: 1, 58.1 Pix/Bitsch; 59 kop: 1,2 Bilderberg/Aurora/Azel; 59.1 Laif; 59.2,3,4 mediacolor's; 60 kop: Laif/Ulutuncok; 60.1 Pix/BlackStar/Sugar; 61.1 DFA/Bolesch; 61.2 Laif/Ulutuncok, 61.3 Reporters Press Agency/v.Cappellen; 62 kop: Mau/Cote Vues; 62.1,2 Laif/Ulutuncok; 64 kop: 1,2 Pix/Bagni; 65 kop: Focus/Nomachi/PPS; 65.1 Laif/Ulutuncok; 65.2 DFA/Scheibner; 65.3 Laif/Ulutuncok; 65.4 Pix/Aberham; 66 kop: DFA/Englebert; 66.1, 67 kop: 1 Pix/Aberham; 67 kop: 2 stone/Buselle; 68 kop: 1,2 FAN; 68.1 Pix/Minden/Lanting; 69.1 DFA/Stark; 69.2 Pix/Aberham; 69.3 FAN; 69.4, 70 kop: DFA/Stark; 70.1 Mau/Wiesgigl; 71 kop: DFA/Christoph, 72 kop: 72.1 Stark; 73 kop: Premium; 74.1 Laif/Emmler, 74.2,3,4 Ulutuncok; 75.1 Prem/Hummel, 75.2 A.Wolfe/Pan.Images; 75.3 Hub/Giovanni; 76 kop: 1,2, 77 kop: 77.1,2,3 Laif/Emmler; 77.4 Pix/Transworld Photo, 78 kop: 1,2,3 Fiala; 78.1 Laif/Huber; 79 kop: 1,2 Pix/Fiala

COLOFON

Oorspronkelijke titel: Globus 2000 – Die grosse Enzyklopädie der Welt – Die Länder der Welt: Australien/Asien

ISBN 90 5108 721 7 NUR 900

Projectleiding en coördinatie: GeoGraphic GmbH, München
Redactie: Büro Norbert Pautner, München
Tekst: Heike Barnitzke en Michael Elser, met bijdragen van: Gesa Bock en Norbert Pautner
Beeldredactie: Wolfgang Kunth, Michael Kaiser, Max Oberdorfer
Cartografie: Legenda, Novara (Italië)
Nederlandse vertaling: Harry Naus
Omslagontwerp: Um|bruch, München
Belettering omslag: Studio Rietbergen, Utrecht
Vormgeving: Alexandra Matheis, München
Lithografie: Fotolito Varesco, Auer (Italië)
Zetwerk: Elgraphic+DTQP bv, Schiedam
Druk en bindwerk: Graficas Estella, Navarra (Spanje)